臺灣都市傳說
鬼島驚奇
馬菲 著

目錄

第一章 迷

第二章 怨

第三章 凶

第四章 陰

【第一章 迷】

幽靈船

執筆當日，高雄發生城中城大火，截至當刻，已造成四十六死，四十一人受傷的慘劇，曾經身為消防處屬員的筆者，看到這類新聞，特別心痛。

看到死亡數字，在二零二一年的今天，委實誇張，直覺該是人禍多於意外。我跟太太談論此事，說到當年香港的嘉利大火，震驚全港，死了四十一人，傷了八十人。

那已經是近三十年前的事，時移世易，相關的防火條例一直更新，加上科技進步，救火的工具和技術亦精益求精，近年已鮮有傷亡如此慘重的火災。

台灣亦是一個先進地方，我參觀過台灣的消防局，訓練與設施跟香港不遑多讓。樓宇防火措施方面，例如我所住的社區，每家每戶屋裡都設有煙霧感應器，定時檢測維護。一些公眾場所，則設有灑水系統，能消滅火警於萌芽之時。

然而，這次高雄城中城大火卻傷亡慘重，我相信亦是人禍居多。本來有想過評論幾句，但一來我對台灣的消防法例並不熟悉，二來我離開部門日久，不便多言，所以還是說些鬼話，回到靈異的話題好了。

發生這樣一場大火，待事件沉澱過後，相信又會傳出不少鬼故。這可不是針對單一事件，但凡有大型災禍，事後必定有靈異傳聞。以剛提到的嘉利大廈大火為例，事後傳出的鬼故多不勝數，隨便谷歌一下，也可以找到大堆。

每次見到這種慘劇，雖然愛莫能助，但也會想講句「願死者安息」，但我心底知道只怕不易。尤其被火燒死，過程痛苦悲慘，橫死者怨念極大，要早得超脫，不是易事。

提到台灣的火災，在今日之前，最出名的大概是發生在一九九五年的「衛爾康餐廳大火」，造成六十四死十一傷的慘劇。

當然是人禍。

事後，有人說曾目擊火災現場上空有一幽靈船曾經逗留，是要來載走遇難者的。目擊者還對船的外型有仔細描述，是一艘貌似古代帆船的巨物飄浮於空中，有些甚至有描述其顏色，例如黑色或半透明。

說得上是幽靈船，當然不是人人可見，而是具有「陰陽眼」的人才能看見，若是靈感力強的人，亦即香港人會提到的所謂敏感體質或高靈人士者，則會見到一團黑氣或黑影。普通人當然就什麼都看不見了。

傳說這艘幽靈船會在不同的火災現場上空徘徊，到載夠一百人（亦有說一百零八人）的靈魂才會飛走。傳說的起始就是在衛爾康大火，及後台灣各處發生大大小小的火災都有人說在上空見到幽靈船，不過死亡數目怎樣加起來也不是一百（或一百零八）之數，難免有人認為是穿鑿附會。當然，亦有人認為是還未夠數。直覺告訴我，再過不久，又會有人說高雄上空有幽靈船駛過。

如果是一向有追看我作品的讀者，特別是有看靈異相關書籍那些，應該知道我也算得上半個高靈人士，不敢說有陰陽眼，但偶爾也會見鬼。但我就從未見過幽靈船、車或飛機。不過我必須戴個頭盔，事先聲明，我沒有見過，並不代表我否定，幽冥世界的邏輯和法則，總是跟我們人間界有點點不同。

然而，就我所知，人死為鬼，鬼魂的去處有兩個，一就是被鬼差帶走，到冥府報到；二就是因橫死而留在原地，成為「地縛靈」。

有人會說，都什麼年代了，還說鬼差什麼的，牛頭馬面，有人信嗎？反正我是信了。我在過去的作品中就提過不少真實故事，在此就簡單說一個。

以前當救護員時，深夜接報某安老院有長者跌倒受傷，我們到場後問該老婆婆為何於夜深落床走動。老婆婆說走廊處有人向她招手，她過去開門時不慎跌倒。奈何職員表示，他們夜裡都在當值室，安老院大門深鎖，其時亦未有其他院友起床走動，言下之意是走廊根本無人，要不就是老婆婆眼花，要不就是她胡言亂語。

我們當時未有深究，先送婆婆到醫院為上。豈料到院不久，又有同事到該老人院工作，說有一長者沒有呼吸脈搏，需要急救，剛巧是我處理的婆婆的鄰床室友。

不禁令人聯想到，走廊外的「人」，當時並非向婆婆招手，而是來接她的室友。至於為什麼婆婆會見到鬼差？有說很多老人家，「嗰頭近」時就會見到靈界事物，婆婆其時九十有三，目所能及，也不出奇。

至於「地縛靈」該不難理解吧？若所有鬼都到冥府報到，人間界還哪有什麼鬼給我們見？平日聽到的鬼故事又怎麼來啦？所以，雖然原因不一，故事不同，但總有些鬼會留下來的。

剛才提到，幽靈船要載滿一百個亡魂才會離開，當時載了六十四人，哪剩下的三十六人呢？

眾說紛紜，牽連甚廣。

事發的西餐廳及後多番改建，後來成了停車場，也傳過一些鬼故事，例如說汽車停在那裡會無故升溫，是因為火災橫死的冤靈作祟云云，但諸如此類的故事一直炒不出熱度，反而將注意力集中到另一處地方——台中市中區第一廣場。

第一廣場雖說在事發地點附近，距離只一點六公里，但從來未發生過什麼大型意外，無故被說成幽靈船於上空徘徊，真可說是躺著也中鎗，十分無辜。

最初謠言於學生之間流傳，再傳到家長，亦即成人耳裡，而謠言並沒有止於智者，反而越傳越廣，越傳越真。

第一廣場幾乎被認定為下個出事地點，讓本來生意不錯的商場一落千丈，門可羅雀，人人都怕到那裡消費時，會墮進毫無來由的意外之中。

之後的十幾二十年間，明明沒發生過任何慘劇的第一廣場傳出不少靈異傳聞。

有人說乘搭第一廣場的升降機，會停在不存在的樓層，電梯門一開，映入眼簾的是火災現場的光景，還傳來陣陣燒焦氣味。

然而，發生火災的可不是第一廣場啊！

及後，不知是否有人想加強這故事的可信性，又傳第一廣場所在位置是陰陽交界處，所以該處成為了連接另一空間的橋樑，才會怪事頻生。

相信與否，就由讀者自行判斷了。

事過境遷，第一廣場現已轉型成為外勞天地，猶幸並沒發生過任何大型意外，至於幽靈船如今何去何從，就不得而知了。

Check this out：第一廣場負責人的澄清

對於不存在的樓層傳出燒焦味，第一廣場出言澄清，當時於某樓層正進行裝修工程，並以隔板圍起，所以才會讓人以為是「什麼都沒有的不存在樓層」，至於燒焦氣味，則是來自燒焊工程。猜測當事人只是錯按樓層，去錯地方而已。

空穴何來風？幽靈船的由來。

有研究指，這可能與台灣西南沿海一帶的漢族儀式「燒王船」有關。這儀式的作用是送走疫病，相傳若在儀式進行期間有人病重，就是被船上的王爺選中，要上王船服務。幽靈船的形象，很有可能從「燒王船」處借代而來。

躺著也中槍的第一廣場

文中提到，大火事發地點是在衛爾康餐廳，第一廣場卻在一公里外的地方，卻被傳有幽靈船徘徊，而且屢有鬧鬼傳聞，真的十分無辜。

第一廣場落成於一九九零年，開幕初期是台中最繁榮的商廈之一，深受民眾歡迎。可惜到一九九五年二月卻不幸被捲入幽靈船事件中，至今亦無任何解釋，當時店家的生意立即大打折扣。到同年七月，第一廣場又傳出另一世界通行的都市傳說「愛滋針頭事件」，盛傳那裡有憤世的愛滋患者把帶血的針刺向途人。從此，第一廣場的生意更是一落千丈，門可羅雀。

不知是第一廣場風水不好，還是有人故意誣陷，經此兩疫，第一廣場幾乎就要關門大吉。及後，第一廣場另尋出路，搖身一變成為外勞新天地，可能是外勞不知道它過去的流言蜚語，又或者因著他們的宗教和文化關係，根本不相信什麼幽靈船吧！

人面魚

長著人臉的怪物，是屬於世界性的傳說。

埃及神話中的人面獅、中國神話中人面蛇身的女媧、山海經中的怪物有著人臉獸身的多不勝數。近代的傳說則有日本的人面犬，在台灣則是燴炙人口的人面魚。

說到長著人面的魚，有些讀者可能會聯想到美人魚，但台灣的人面魚可沒那麼優雅。

傳說始於一九九五年，甫開始時只是一則山野傳聞。話說有民眾一行五人於高雄岡山的一處山野溪邊釣魚，釣獲一尾四斤多重的吳郭魚後即席燒烤。山野之樂，原本並無特別，奇就奇在，烤魚期間，眾人竟聽到虛空中傳來一把神秘的聲音，問眾人：「魚肉好吃嗎？」

五人環目四顧，山野間並無他人，到底是誰在跟他們說話？難道見鬼？這時眾人將目光放回魚上，竟見大魚的魚嘴開開合合，似在說話。眾人本已嚇一大跳，還想自我安慰是自己聽錯什麼的，卻忽然見到魚身現出一張人臉，嚇得其中三人立即嘔吐大作，怕自己吃了什麼不吉利的東西。而其中一位並未食魚的當事人，則馬上拿起相機為眼前的人面魚拍照。

翌日，釣起人面魚的三十四歲男子於睡夢中猝逝，身邊家人好友認為他正值壯年，本無大病，定是被妖物詛咒，死於非命。

其同行友人悲痛之餘亦大為恐慌，怕那人面魚的詛咒，特別是有份吃魚的兩人更是心驚肉跳，結果要跑去找宮廟收驚。

事情並沒有因此告一段落，後來經地方報章報導消息，市場上的吳郭魚無人問津，價格急跌，魚販血本無歸，叫苦連天。連農業局都不得不發文澄清所謂的人面魚只是謠傳，並無事實和科學根據。

然而覆水難收，破鏡難圓，謠言成為了都市傳說，流傳至今，二零一八年時更被拍成電影《人面魚：紅衣小女孩外傳》，由徐若瑄主演。

人面魚的事之所以傳到街之巷聞，除了因為報章報導外，亦多得一個在台灣十分火紅的靈異節目《玫瑰之夜》的加持，節目內容相對抱持否定，亦即闢謠的態度，但不知怎的，反正觀眾們就是選擇相信真有其事。

人面魚的照片只要上網谷歌一下不難找到，我也看過，平心而論，要說它像，頂多也是半塊面而已，就我個人而言，看不出靈異的感覺。多看幾遍，倒讓我想起平日烹飪時，魚煎得不好，魚皮黏鑊，用鑊鏟剷起魚上碟時，魚皮斑駁，與相片中的魚倒有幾分相似。

有研究指，相片中的所謂人面，只是烤魚時以錫紙包覆，烤好時魚皮燒黏著錫紙，打開後呈現魚皮破損，偶然下形成的圖像，只要加點想像力，就變成一個恐怖故事了。

其實類似的故事在全世界也有不少，較出名的就有西班牙於牆上現出人臉的房屋，甚至遠至火星表面，也有被說成是人臉的山丘。如果從科學角度解釋，這叫做「空想性錯視」，英文是Pareidolia，簡單來說就是一種心理現象，人會對一些巧合出現的圖像自動腦補，賦予意義，例如抬頭望月，月亮中似有隻兔子，但現代人應該不會相信月亮上有玉兔吧？

亦有人質疑，這個人面魚的故事一直只是口耳相傳，雖說有相片為證，卻不見得有圖有真相，因為就這件事來說，從未有當事人現身說法，故事中的幾名行山友人，都沒有站出來說過半句話，而故事中提到中邪慘死的男子，更是死無對證，不禁令人質疑故事的可信性。

紅衣小女孩

上一回於《人面魚》中提到，無人現身說法的故事，可信性一般較低，那有人現身說法，還有影片佐證的話，又是否有片有真相呢？

提到台灣的都市傳說，最火的必然是紅衣小女孩，相信沒有人會提出異議吧？

二零一五年，電影《紅衣小女孩》上映，大收旺場，香港院線亦有上映，反應熱烈，而就是這套電影讓更多香港人開始留意有關台灣的都市傳說和靈異傳聞。

那麼，真正的紅衣小女孩故事，又是否如電影描述的一樣呢？

紅衣小女孩的傳說起於一九九八年，一位姓呂的男士偕家人到臺中大坑風動石步道行山，其間呂先生用V8拍下遊玩期間的狀況，至此一直相安無事，當日眾人亦平安落山回家。

豈料幾天後，呂先生的姐夫卻突然病逝，那時候呂先生還未想到事情與靈異有關。一年多後，有天呂先生翻看當日所拍的錄影帶，竟然有驚人發現。

呂先生拍攝到家人於山路中前進，當時人人面帶笑容，還向鏡頭揮手。然而，一行多人卻無人發現隊後跟了一個身穿紅衣的小女孩。小女孩的臉色猶如死灰，雙眼黑如空洞，木無表情，散發詭異氣息，令人毛骨悚然。

呂先生事後問起同行的家人，竟無一對該女孩有印象，言下之意就是他們一行人當時被這無形的紅衣小女孩尾隨，V8恰巧將之拍攝下來。呂先生覺得事有蹊蹺，懷疑姐夫的死與紅衣小女孩有關，於是將該錄影帶寄到電視台公開事件並尋求協助，希望將謎團破解。

影片一出，迴響極大，對紅衣小女孩的真正身份有不同猜測，眾說紛紜。有說是人、有說是鬼、有說是山精，到底是什麼呢？

該片段讀者們可以在 Youtube 上輕易找到：
紅衣小女孩

先從人說起，為什麼呂先生一家沒發現該女孩呢？有人試圖從科學角度解釋，該現象名為「無意視盲」，英文為"Inattentional blindness"。簡單來說，人會將注意力集中在自己重視的東西，而忽略一些相對不重要的東西，縱使那不重要的東西在視線範圍內，也會視而不見。所以女孩並不是什麼鬼東西，只是呂先生他們沒留意到的普通人而已。

但是，如果小女孩真的是人，應該有人認得她吧？但電視台於當地採訪過無數在地人士，莫說認識片中的小女孩，甚至完全無人對小女孩有任何印象。那麼，會是外地人嗎？事發在一九九八年，雖然仍未似現在般資訊流通，但電視機早已是家家戶戶都有，而該事件當年做成全台哄動，幾乎所有人都知道此事，總會有人認識她、見過她吧？

答案是，沒有。

有人說：「會否是女孩剛巧也在該處行山呢？」

那麼，女孩的家人呢？同行者呢？按她的身型判斷，頂多八至十歲，總不可能自己一個行山吧？

這故事多年來傳得沸沸揚揚，如果故事造假，女孩確有奇人，她真的能一直守秘密嗎？長大後就沒想過拆穿事件來撈一筆嗎？

有人認為女孩與呂先生一家根本是認識的，是製作影片的同伙，所以未有拆穿事件。但我對這種講法始終抱持懷疑態度，因為事件實在炒得太大，若然當事人肯大踢爆，必然有利可圖。

那末，是鬼嗎？從影片所看，女孩的身影與我們印象中的鬼又好像有些差別，女孩身影實淨，腳步踏實，並不如鬼魅虛浮，至少與我認知中的鬼並不相符。

最後一說，把女孩說成山精，香港讀者聽見「山精」一詞可能會感覺陌生，在香港類似的傳說極少，你不妨回想一下什麼時候聽過香港的山上有妖精？有都只有八仙，最多都是聽過有結界而已。香港地，每逢假日各山頭必定迫爆，山路遊人絡繹不絕，搞得周圍污煙瘴氣，連山精都怕怕。加上政府又躍躍欲試想收回郊野公園來起樓，山精都要被迫遷，得逃到另一個空間。

台灣則不同。台灣擁有多座名山，陽明山、玉山、奇萊山等等，每個都有不少靈異故事。而有關山中妖物，最為人熟悉及懼怕的，莫過於山精，亦即所謂的魔神仔。傳說中的魔神仔，形如小童，臉如老人，氣色陰沉，倒與影片中的紅衣小女孩有幾分相似。但小女孩到底是否山精，單從影片中單單幾秒來看，依然無法判定。

關於紅衣小女孩的故事，來到這裡其實已經完結，心水清的讀者應該發現，電影《紅衣小女孩》的故事與原版的故事可說差了十萬八千里，無錯，電影只是借了紅衣小女孩之外形來創作新的故事，故事中的紅衣小女孩形相，倒真的像剛才提到的魔神仔。

那麼，魔神仔到底又是什麼？下一章，就讓我們談談魔神仔。

Check this out：「無意視盲」的實驗

此實驗由哈佛大學研究生Chabris及助理教授Simons所辦，實驗在一電梯大堂所舉行，安排兩隊共六人分穿黑色及白色衣服，他們會在實驗開始—後不斷傳球，被實驗的對象必須觀察他們，並數算白衣人在一分鐘內的傳球總數。

一分鐘過後，除了傳球總數外，實驗人員會問被實驗對象一個問題：「剛才的片段中有沒有什麼奇怪的事情發生？」

實驗結果，有多達五十六個巴仙的人並沒發現異狀。

然而，在片段的中途，其實有一身穿黑毛大猩猩戲服的工作人員亂入畫面，而且還在畫面中央做捶胸的動作，如此突兀的景象，理應很容易被發現，但實驗結果告訴我們，當人注意力被分散，就很容易會產生「無意視盲」的現象，在這個實驗裡就有一半以上的人對大猩猩視而不見。

那麼呂先生一家，又是否只是「無意視盲」呢？

魔神仔

魔神仔，既非魔，亦非神，而是存在於山野間的一種精怪。這種精怪人畜無害，但十分佻皮，喜歡迷惑路過的遊人，特別是老人家和小孩，讓他們於山中迷路。

上回提到的紅衣小女孩事件是個孤例，但魔神仔事件卻屢次發生，而且影蹤幾乎遍佈全台灣。而最令人無法忽視的是，魔神仔事件很多都有當事人現身說法，現實中亦真有派出搜救隊營救，亦有傳媒採訪跟進，將事件記錄下來。讀者們只要上網搜尋，就會發現台灣遠至日治期間，近至二零一四年仍有發生所謂魔神仔的事件。筆者在這摘錄幾個與大家分享。

一九八五年一月二十六日，苗栗南莊鵝公髻山出現奇怪的不明動物，全身黑毛遮體，頭髮很長，兩腳直立行走，約有十三、四歲的山地小孩一般高大，會爬樹，並抓走賽夏族錢姓人家的兩隻土雞生吃，頭份警察分局派山青隊入山搜查未發現。（中國時報）

二零一一年六月，台南市左鎮區一名八十四歲老婦受困山區2天，後自行下山脫困，並表示「山上有人請我吃飯，還有人帶我回家睡覺」，且她全身乾淨無傷，令人匪夷所思。（中時新聞網）

二零一二年二月：花蓮富里四十七歲黃姓婦人十二日進入山區巡察箭筍生長情形失蹤多日，搜救人員連日找尋未果，當地耆老說是被「魔神仔」帶走，數十年以前這一帶山區也曾發生過這類事件，建議放鞭炮驅魔。十八日晚間在山區以豬肉祭山神、放鞭炮後，黃婦十九日下午就被尋獲。黃婦獲救後對多日迷失印象模糊，只記得進入山區後就頭暈轉向毫無記憶，是在聽到山區有人燃放鞭炮後重新恢復記憶，才開始驚覺自己身在山區，次日聽到有搜救人員靠近，循聲往救難隊伍靠近才獲救。

二零一四年六月：行動不便的阿嬤腳麻卻變快腿，在山區離奇失蹤，新竹縣有一名八十歲阿嬤彭吳允水，在六月二十八號跟旅行團到花蓮縣林田山，離奇失蹤，警消昨調閱監視器畫面，發現她上完廁所後，原本不太方便的腳好像沒事一樣，健步如飛轉往山區產業道路失蹤，五天後在離失蹤地三公里處尋獲，阿嬤彭吳允水說她被紅衣女帶走，夜晚還有一對老夫妻會陪他聊天。（東森新聞）

根據上述報導，可以看出魔神仔有一定的行動模式。魔神仔的外形、相貌和打扮都有多種說法，但一般的共通點是他們都形如小孩，動作敏捷，而且神出鬼沒。魔神仔擁有令人產生幻覺的能力，人們之所以會被他們迷惑，是因為把他們認作親朋好友，多是扮作久未見面的老朋友，讓人們掉以輕心，再以聚舊宴會之名，把人們騙到深山，餵食一些蛇蟲鼠蟻，但看在人們眼中，卻是美酒佳餚。到魔神仔玩夠了，就將之放走，相安無事。（亦有報失蹤後身死的，但相對較少。）

從科學及理性角度去解釋，由於當事人多是老人家，身體狀況可能較差，迷路後在斷水斷糧的情況下，容易進入低糖和體溫過低的狀態，因而產生幻覺，見到根本不存在的東西。

我對於這個說法，是抱持懷疑的。小弟雖然非醫生或學者，但作為前救護員，見過的低糖和體溫過低個案亦不少，一般都只是神智不清，可能會胡言亂語，但很少發現時清醒，能將「幻視」到的光景說一遍的患者。一般來說，陷入低糖和低溫，不會自然回復，但該些魔神仔事件的當事人，很多被發現時都神智清醒，甚至乾乾淨淨，無傷無痛，這情況實在很難以常理解釋清楚。

有一種說法，魔神仔會將人帶到另一個空間，該空間的時空與我們身處的不同，即所謂「山中方七日，世上已千年」。有些個案，當事人失蹤五天，照理在缺水缺糧的情況下該十分危險。但當事人被救後卻表示自己只是於山上過了一夜，時間明顯有出入。而山上亦有人照顧他們，給吃給睡等。

那麼，魔神仔是如何把人抓走的呢？據說，有一個關鍵，就如電影《紅衣小女孩》的橋段一樣，魔神仔會從後喊你的名字，若然你回首應了，就會被抓。若然聽而不聞，不理不搭，則連魔神仔也拿你沒法。

這方面，我倒有點經驗。

筆者家住台灣偏鄉，後靠陽明山脈，話說某晚十時左右，我外出買雞扒解饞。鄉下地方，晚上無甚行人，我孑然一身，踽踽前行，忽然耳畔響起喊聲，竟然有人以廣東話呼喊我的名字。讀者可能會問，碰巧遇到熟人，喊你名字，也不算奇吧？奇就奇在，第一，我住的地方沒幾個人會廣東話；第二，台灣的朋友都只知我叫馬菲，但馬菲其實是我的筆名，我的真名沒幾個人知，而那夜裡來聲喊的卻是我的真名。

由於事情太過古怪，所以就算我聽到有人喊我，我亦不加理會，繼續前行，但那叫聲並無因此放棄，反而伴隨在則，一直的喊，在我再走了差不多五十米後，才終告消失，十分詭異。

後來我將這事告訴在地朋友，他們都說還好我當時沒有回應，要不就可能被魔神仔抓走了。原來在當地附近的山野，也發生過魔神仔事件，有一老伯於山中失蹤，兩日後於一百公里外的山間被人發現，發現時正在啃食蚯蚓和一些昆蟲，但老伯似沒察覺，還說是老朋友請他吃的包點。

這件事的套路和先前提到的十分相似，但有一點匪夷所思的，就是阿伯竟在上百公里外的地方被發現。如果讀者有參加過毅行者的話，應該知道要行一百公里的山路並非易事，當年筆者正值壯年也用了超過三十小時才完成。一個老伯，真的能在兩日內徒步走到一百公里外的地方嗎？而且還是在沒有支援的情況下啊！

各位感到興趣的朋友，有機會來台灣遊山時，聽到有人在你身後叫你，又夠膽回頭嗎？

Check this out：挪威的山精傳說

其實山精傳說幾乎在世界上每一個地方也有，筆者曾經走訪挪威，當地亦流行山精傳說，山精跟魔神仔一樣矮小而醜怪。挪威的山精耳大鼻長，滿口疏落不齊的牙齒，每邊手只有四隻手指，每邊腳也只有四隻腳趾。挪威的山精跟魔神仔一樣貪玩和愛惡作劇，只在晚上出沒的它們若只顧玩等到太陽出來，它們就會煙消雲散或化作石頭。

挪威人卻不怕這些山精，反而把它們當成吉祥物，在挪威不時會見到它們的雕像，每一間紀念品店都會見到它們的商品。

玉山小飛俠

上回提到，台灣有很多大山，幾乎每一座山都有屬於它的靈異故事，當中較為出名的，就有「玉山小飛俠」事件。

聽到「小飛俠」，可能會聯想到Peter Pan又或者阿童木，但「玉山小飛俠」可不是這麼可愛的東西，而是與靈異相關啊！

顧名思義，玉山小飛俠，正是在玉山出現的。先前提過，台灣有幾座出名的大山，玉山正是台灣的第一高峰，有喜愛登山的香港朋友亦有來台登過玉山，登山前還須事先申請呢！

在台灣，喜歡登山的民眾亦不在少數，而在台灣登山界，玉山小飛俠可說令人聞風喪膽。

相傳，這班「小飛俠」身穿黃色雨衣，成群結隊的於玉山出沒，他們會迷惑登山客，將之帶往死路，置身險地。

關於玉山小飛俠的故事，屢聽不鮮，故事發展大都是說有一班登山客攀登玉山，由於眾人體力不一，有快有慢，造成隊伍拉長，隊員散落的情況。這是登山常有的狀況，但若然碰巧遇到天降大雨，視野不清的話就要千萬個小心，因為這是玉山小飛俠最愛的天氣，他們總喜歡在雨天出沒。

一個登山隊伍，有人走在前頭，就必定有人跟在最後。走在最後本無問題，但當天氣惡劣，視線不佳，加上體力逐漸下降時，很多人就會開始感到害怕，孤獨感會引起焦慮和恐慌，為了不讓自己落單，於是死命跟著前方朦朧的身影走。

走著走著，發現走在前方的那人頭戴斗笠，身穿黃色膠雨衣。等等，真有那麼一名伙伴嗎？

先別管他，可能剛才還未下雨才沒穿上啊！就算是不認識的也沒關係，反正大家都是上山，同途有伴也是好的啊！一於追上去看看。

咦？奇怪……怎麼無論如何加速，都好像沒法拉近與前者的距離呢？當你快時他又快，你慢時他又慢，一直保持著拿不著他，僅僅看到他背影的距離。

其他人呢？不是約定好每隔一段路就休息等齊人的嗎？驚覺不對勁之時，視線一轉，發現自己竟走到懸崖邊緣，差一步就要掉進萬丈深淵。至於剛才一直走在前方的黃衣人卻影蹤杳然，然而前方擺明就是懸崖，那「人」到底還能跑到哪裡？除非，他懂得飛吧！

或者，這就是小飛俠的名字由來。

玉山小飛俠的傳說只流於道聽塗說嗎？

不，有人現身說法。

話說玉山之上有一排雲山莊，山莊的管理員胡良武及朱克禮說他們曾經遇過玉山小飛俠來訪。

最先發現的是胡良武，某夜，他在無人的排雲山莊內聽到一陣突如其來而又急促的敲門聲，應門去看卻空無一人。起初胡良武以為自己聽錯，驚疑過後就不了了之。豈料兩週之後，再次於夜半聽到敲門之聲，不知怎的他心裡有些不祥之兆，膽戰心驚的從門隙往外窺看，竟見三個頭戴斗笠，身穿黃雨衣的人站在外頭。

說老實話，人在深山的無人山莊，夜半聽到敲門聲，到底外頭有人還是無人比較可怕呢？

無論如何，對胡良武而言，是放下了心頭大石，所以他就打開了門，心想可能是登山客迷路或誤了腳程之類，見這裡有光所以來借個地方落腳吧！

門一開，空無一人，胡良武自認是見鬼了，因為不到幾秒光景，那三個人消失得無影無蹤，是絕對沒可能的事。

沒多久之後，又是一個雨夜，這次輪到朱克禮碰上怪事。那夜大雨滂沱，忽然有一行近三十人來訪排雲山莊。朱克禮把他們接進山莊，他們身上都穿著雨衣，濕漉漉的在大堂等候入住。

朱克禮怕他們冷著，心想登記需時，就打算去端些薑湯出來讓他們喝，暖一下身。沒料到朱克禮端個湯回來之後，大堂卻空無一人，近三十人全部失去蹤影，但地面卻明明是濕的，證明方才真有人來過，到底他們跑到哪裡去了？到底他們是人不是？

事後，胡朱兩人都感到事件十分邪門，想起之後自己還要在山莊工作，又怕再遇這班不速之客，心下難安，於是放了尊觀音像坐鎮山莊，從此就再無怪發生。

我個人是偏向相信玉山小飛俠真的存在。

怎麼啦？出乎意料吧？

更準確來說，我不敢說以上提到的故事都是真的，但我相信山中的確存在很多山客木魅，會迷惑人心，甚至害人性命。

我在拙作《黑色救護誌》寫過類似故事，現概述一遍。當時參與一宗攀山拯救任務，同樣是滂沱大雨的晚上，發生山泥傾瀉，我們與消防員一行十數人一同上山。

消防員搶先在前開路，我們緊隨其後，由於雨勢實在太大，視野受限，趕路時幾乎只能見到前方隊員的腳跟，死命跟隨。

終於去到山泥傾瀉的位置，由於消防同事正在作業，我們救護同事就在一旁候命，然而我們當中卻少了一人。當時我是跟在隊尾的，我已經是最後一人，而大隊人馬是一個跟一個，不可能跟丟，亦不可能有人在我後面啊！

我們等了許久，擔心之際，那名失蹤的同事終於出現。

同事說他走到一半發現自己跟丟了，嘗試用電話聯絡我們卻收訊不良，徬徨之際，見到遠處彷彿有人向他招手，於是跟著過去。走了一段，卻怎麼都無法追上那人，正想加速跑去時，忽然聽到有人喊他別再過去，回過神來，才發現自己已在懸崖邊緣。

喊住他的是個阿伯，之後還指示他我們所在位置，及後又轉眼不見，十分怪異。任務完畢落山之時已經是白天，能見度增加，路經阿伯出現的位置時，發現附近有擺放一尊土地公，同事確信自己昨晚是遇到髒東西，幸好有土地公打救。

其實，不同國家或民族，都相信山中住有精靈，並有類似的傳說，只是有些精靈是好的，有些是壞的。

至於玉山小飛俠，有人認為是魔神仔的一種，是人形的精怪，喜歡誘使人們迷路，甚至進入另一空間。傳聞見到玉山小飛俠的個案不少，但鮮有聽到出人命的，亦乎合魔神仔喜好作弄人的頑皮性格。

亦有傳所謂的玉山小飛俠是登山客的亡魂，還說曾經有三位好友相約登上玉山，卻不幸遇上山難身死，死時正好都身穿黃色雨衣。三個亡魂留在山上，是為了抓交替。

在台灣，三位好友登山遇難的情節是真有其事，是所謂的「邱高事件」，亦稱「黑色奇萊山」事件。事發地點在奇萊山而非玉山，感覺是事後有人穿鑿附會，硬將兩件事混為一談。

而且在排雲山莊的事件中，朱克禮看到的黃雨衣人多達三十人，若亡魂只有三人，剩下的二十七人又是誰呢？

我個人亦一向對冤靈抓交替的說法抱懷疑態度，冤靈死於非命固然可憐，困於其中或有因由，但再殺無辜，徒添亡靈，孽障再增，反更難走，又哪有殺人得投胎上路那麼便宜的事呢？

黑色奇萊山

玉山是台灣第一高峰，自不然引來很多愛好登山者。但在很多登山者眼中，最具挑戰性的卻非玉山，而是接下來要提到的奇萊山。

奇萊山位於南投和花蓮交界，因意外頻生，危險非常，所以亦被稱為「黑色奇萊」。但人類就是一種奇怪的生物，喜歡尋求刺激，明知山有虎卻偏向虎山行，越難越愛，到成功征服時滿足感也會加倍。所以，奇萊山一直是台灣登山者的最愛之一。

於奇萊山發生過的山難不少，最出名的有三宗，分別是「清大登山社事件」、「陸軍官校事件」以及「邱高事件」，而當中最富懸疑色彩的，非「邱高事件」莫屬。

故事主人名叫邱高，剛大學畢業，暑假後就要去服兵役，可能是打算在入伍前先玩個夠，於是就約了他的好友胡德寧和李福明一同登上奇萊山，哪料到卻一去不返。

三人自中學已經認識，感情要好。除了學業成績優異，三人都熱愛登山，而且是箇中能手，在攀登奇萊山之前，已成功挑戰過玉山、雪山主峰、大霸尖山、小霸尖山等，可說是攀山經驗豐富，而且體能很好，亦懂野外求生技巧等，按理說，除非發生意料不及的事情，要不然就算攀登奇萊山也不會有什麼問題吧？

三人對登山甚有信心，在申請登山時沒有聘請原住民嚮導，而是選擇自己擬定路線，顯然很有自信。

結果三人於一九七二年八月二十二日由台中向奇萊山進發，三十三日進入盧山檢查哨，當晚在玉山天池過夜，翌日上午向奇萊山主峰進發，然後……就再沒然後了。

九月四日，邱高的父親發現兒子久未聯絡，然而已經過了他原先告之的行程幾日之久，卻一直杳無音訊，令人擔心，於是決定報警求助，希望警方協助尋找失蹤的三人。

警方接報後，由經常處理山難事件的南投仁愛分局組隊出發搜救。

九月五日，卻從花蓮傳來消息，發現三名登山的學生，經大禹招待所前往梨山，聽起來好像與邱高三人吻合，遂誤以為邱高三人安全，或許只是誤了行程，相信是虛經一場，於是收隊。

三日之後，人在外的邱爸仍未收到愛兒的消息，於是致電回家，想知邱高返家了沒有。然而，電話裡頭卻傳來一名叫周廷旺和一位高姓人士告之他的消息，可惜卻並非好消息。

周廷旺也是個登山客，同年八月二十五日一行六人由台北出發前往奇萊山，二十八日早上攀上主峰，中午登頂，然後沿稜線南下。

當日天氣惡劣，又霧又雨，而且氣溫只得五度，山況欠佳。幸而周廷旺一行六人經驗豐富，裝備齊全，又有僱請原住民作嚮導，總算能克服困難，成功登山。

至下午約三時許，他們快將抵達卡羅樓山時，在山凹處卻發現了一些不尋常的物品，令他們不得不行注目禮。

他們發現了一本被雨水浸濕的記事本，不過內容已經化開，甚難辨認。

另外還發現散落一地的物品，包括數件汗衫、斗笠等東西。

其後他們繼續前行，走了約莫十幾分鐘，發現更多雜物散落四週，包括一把乾面條，幾雙襪子、蠟燭、電筒、雨衣、塑膠布、汗衫和登山杖。這個發現，令他們不由得感到奇怪，因為這些物品均完好，而它們幾乎是登山的必須品，全都好端端的，為什麼會被拋棄於此呢？眾人心裡都閃過不祥之兆，覺得十分邪門，當中較迷信的原住民甚至不敢靠近和碰這些散落的雜物。唯周廷旺覺得事有蹊蹺，擔心當中另有文章，遂撿起了行山杖帶走。

八月二十九日中午，眾人抵達天池台電保線所，知道有登山客亦於兩日前造訪，路線跟他們相反，理應在路上會遇上，但他們這兩天都沒有遇到其他登山客，想起先前散落一地的雜物，心想難道是那些人遇到山難？

周廷旺心下難安，一直記掛，到下山後一直留意新聞報導，看是否有山難消息或尋人啟示之類。後來知道有關邱高及兩名友人登奇萊山後失蹤多時，便偕友人親臨邱家講述經過，希望提供到有用線索。

邱爸聽罷馬上聯絡台中救國團，追查後發現當日在大禹招待所下山的三名學生根本不是邱高他們，原來之前的是場誤會，從未有人見過邱高三人下山，他們很有機會還留在山裡，而且遇險，危在旦夕。

由於當時台灣的大學生都是天之驕子，是社會的未來棟樑，所以三名大學生被困山中的消息傳出後，傳媒大肆報導，引起了各方關注，不同政府部門，甚至是自願團體都大舉出動。

然而，搜救行動並沒有很順利，第一是奇萊山山脈十分廣闊，在沒有線索的情況下找出三人猶如大海撈針般困難。第二，三人皆沒有向家人朋友透露行山路線，入山後又偏離了申請時的原定路線，讓搜索難度大大增加。第三，天氣不似預期，搜索開始不久，天氣開始變得惡劣，甚至有救援隊本身亦陷入危險，影響搜救進度。

雖然在搜救初期有再度發現三人的遺物，包括汗衫、筆記本和登山繩，一度以為抓得著三人的尾巴，奈何最終都沒發現三人的蹤影。

截至現在，三位大好青年到底遇到什麼事，依然是個謎。

等等，那麼這不過是件普通的登山失蹤事件，不是嗎？

能夠成為傳說，當然有它神秘的一面。有說當搜索進行到第四階段時，於一山頭找到一些三人用過的湯匙和筷子，這也沒有什麼出奇，可能是他們用餐後留下。奇就奇在，筷子是分別倒插在地上的三個小土丘上，壯甚怪異，就似堆了三個山墳似的，好不嚇人。

有人說這是魔神仔佈的陣，誘使登山客迷路，類似的傳說在台灣的確多不勝數。事後亦有人說在奇萊山拍到奇怪矮人的照片，與傳說中的魔神仔造型不謀而合，在網路上可以找到該照片，有興趣的朋友不妨找來看看。

然而，從理性分析，三人到底為什麼會失蹤呢？

當中說法很多，有一說認為三人是走錯稜線岔路，走進竹林或死谷中無法脫出。

另一說法我認為頗有趣而又合理的，是說三人可能在山中遇上熊。這個香港人可能比較難以想像，雖然我聽救護前輩提起，曾接報有人在香港山上疑見虎蹤，但我們都當作笑話，心裡明白在香港山上沒可能遇上虎或熊這些猛獸，最多都只有野豬而已。不過遲些可能連野豬都無了，「人道」毀滅得七七八八。

說回奇萊山，原來當時是原居民的獵熊期，八、九月是熊出沒的季節，在當時的奇萊山上偶爾能聽到熊吼聲。由此推測，三人可能是在登山過程中遇熊，逃走時偏離了原本的路線，繼而迷路，甚至不幸被熊所傷，不良於行等等。

但真相卻無人能知。

提起情景怪異的山難，我想起了號稱史上最離奇山難，發生於俄羅斯的迪亞特洛夫事件。因為該事件非常耐人尋味，雖然並非發生於台灣，我也在這裡簡略說一下。

一九五九年二月二日，當時蘇聯的北烏拉山脈發生了一件共九人罹難的登山者神秘死亡事件。

有多神秘？

當時正值隆冬，山上冰天雪地，屍體被發現時卻是薄履輕衣，有些甚至赤身露體，根本不合情理。救援人員抵達他們的營地時，發現營帳被嚴重破壞，但他們的隨身物品都留在原地，而且保存良好。九名死者中，其中五具屍體完好無缺，並無外傷，另四具則有嚴重的外傷，包括頭骨骨折及胸骨斷裂等，但現場並無打鬥痕跡。事後進行的調查發現，部份死者身上的衣衫含有高得不尋常的幅射量，而現場一帶則留有大量本來沒有的金屬碎屑。

種種跡象都顯示這場意外大不尋常，當局調查一輪後亦未能確定到底發生過什麼事，最終以九人死於「強大而未知的力量」來作結。

由於事件滿有神秘色彩，引致外間多方揣測，主要有幾個推測如下。

一，認為他們被雪怪所殺，亦即類似「大腳八」的怪物。

二，認為是被當地原住民所殺。

三，遇上外星人。

四，被蘇聯當時所研發的秘密武器誤殺。

推論多不勝數，未能盡錄，有興趣的讀者可以上網搜尋，有大量網站和影片提到該事件，甚至有拍成電影。

事隔六十年後，有人提出他們當時是遇到雪崩，所以在未有添衣的情況下從內部以利器割破帳篷逃生，因而出現一個名為「反脫衣現象」(Paradoxical undressing)的症狀，因重度的低溫症失去辨識能力，感覺混亂，將寒冷錯認為炎熱，因而脫去衣服，最終失溫死亡。

這個解釋看似合理，但仍然有很多解釋不到的地方，如果是因為雪崩，為什麼他們的衣服上會有高量幅射，現場又有金屬碎片呢？

真相如何，我認為到今日都尚未可知。

至於香港，其實也發生過神秘的行山失蹤個案，就是為人熟悉的「丁利華事件」。身為警員而且行山經驗豐富的丁利華，於西貢行山期間迷途，致電報案中心求救，最終留下一串如密碼般的數字後，從此消失。有關丁利華事件已經有很多網台節目提及過，有興趣的讀者可以上網找來聽聽。

清大登山社事件

奇萊山之所以會被稱為黑色奇萊，正是因為在那裡山難特別多，而當中詭異的個案又豈止「邱高事件」一宗呢？

其實在邱高等人出事前一年，在奇萊山才發生了一宗同樣震驚全台灣的山難，然而奇萊山似乎就有一種神秘的魅力，即使曾經發生過多少悲慘的故事，登山愛好者仍然希望能成功征服它，樂此不疲。

一九七一年七月，清大登山社六名學生，與一名台大學生聯袂出發，要去登奇萊山，本來還有一名叫小周的清大同學亦是一伙，卻因事未有同往，之後在他身上也有怪事發生，稍後說明。

登山小隊一行七人就算談不上是登山老手，都至少擁有一定的登山經驗，他們一早就擬定好路線，帶齊裝備，往奇萊山的天池進發。

這旅程不是一天半夜可以完成的，他們先花一天時間由新竹出發南下到台中，第二天再穿過大禹嶺前往松雪樓，計劃在松雪樓休息一晚，整理好行裝和有充份休息後，翌日再出發攀登奇萊山峰，抵達天池。

沒料到他們在松雪樓休息那一晚，經收音機聽到颱風娜定正在迫近，有可能會過境台灣。這令登山小隊左右為難，一怕若繼續行程，萬一颱風真的過境，行程就會變得非常危險；然而，他們卻捨不得放棄計劃已久的旅程，或者是怕錯過了這次機會，到大學畢業後投身社會，就再無法集齊一班好友登山了。

我們可能無法理解，既然天氣報告都說颱風要來了，怎麼可能還繼續行程啊？這令我想起我當救護員時的一件往事，當日九號風球懸掛，我接到一宗攀山拯救任務，我記得當時風大得我連救護車的車門都打不開，幾經辛苦終於找到受困山客，忍不住問他們為什麼九號風球的颱風天還要行山啊？

行山客理直氣壯的答我：「你以為我們是傻的嗎？我們當然是衡量過認為是安全才出發啊！我們出發時才一號風球而已，當時還是風和日麗，怎知會突然風雲色變。」

這多少解釋了為什麼清大登山社一行人決定繼續行程，因為翌日當他們出發時，外頭依然陽光普照，清風送爽，根本毫無狂風暴雨之兆。他們開始登上奇萊山的主山脈，還在讚嘆景色壯麗，不枉此行。

當晚，他們覓地紮營，打算休息過後，明天繼續上路。未料，半夜突然狂風驟起，竟捲起了沙石打在帳篷上，吵得眾人都驚醒過來。未幾，狂風把暴雨都一併帶來。等到朝早，眾人終於從天氣報告得知，颱風娜定果真橫掃全台灣。

這時帳篷受到狂風暴雨的夾擊，快將支撐不住，眾人明顯低估了颱風的速度與威力，開始感到不知所措，進退維谷。這時候一陣強風吹來，竟把帳篷吹翻，大雨灑進帳內，眾人認為不能再待在原地了，終於決定折返松雪樓。

然而，昨天他們也花了大半天才走完的路，在惡劣天氣下真的能成功走回去嗎？昨天經過的小溪，在暴雨中變成瀑布，他們涉水而行，無論是體力和體溫都不斷流失，結果幾經辛苦，終於回到了松雪樓，可惜七人之中，只剩下施能健一人。

施能健敲起松雪樓的大門，裡頭的工作人員打開門一看，無不嚇了一跳。施能健用上最後一口氣，告訴工作人員他的隊友還在外面待救，說罷終於撐不住昏了過去。

工作人員馬上出去救人，由於由台大來一同參與登山的賴淑卿昏倒地點距離松雪樓只有五十米，所以很快就獲救，可惜其餘五人被找到時，已經返魂乏術。

慘劇發生後，有指奇萊山上並無讓人緊急避難的處所，對於一個受登山客熱愛卻又意外頻生的地方來說實在欠妥，於是清大學生就籌錢在奇萊山上興建了可供避難的成功堡，同時用以紀念逝去的五名學生，堡中還掛有五人的照片。

先前提到，本來有一名同學小周因事未有一同登山，而是留了在學校宿舍，就在山難當晚，發生了一件怪事。

七十年代初的通訊技術還不似現在般發達，連行動電話甚至傳呼機都還未有，小周根本不知道在奇萊山上發生了大事。

小周與幾名死者是室友，當晚房間內只剩他一人，在風雨交加的夜晚唸書，到累了就打算上床睡覺。

朦朧間小周聽到室友們回來的聲音，當時還未知他們已死於山難的小周，還以為他們是因為颱風而沒有上山，提早回來。小周還聽到他們在嬉鬧玩啤牌，也沒理太多繼續睡覺。直到大半夜，小周突然被大力開門的聲音所驚醒，狂風不單吹開了房門，還帶來大量雨水。小周起來查看，發現房間地板濕漉漉的，環顧左右卻哪裡有室友們的身影？難道之前聽到他們回來，一切都只是做夢？直到幾天後，小周才從報章上知道眾人遇難的消息，心裡不禁疑問，那天回來的會是他們的鬼魂嗎？

在成功堡建好後，亦真有發揮到其作用，先後有不少登山隊伍在山上遇到惡劣天氣時入內避難，當中傳出了兩件靈異事。

某天，有一登山小隊，在攀登奇萊山時天氣忽然轉差，情急之下就跑到成功堡避難。到晚上眾人準備睡覺的時候，卻突然傳來一陣急速的敲門聲，他們就想可能是其他來避難的登山者，遂馬上開門。

隊員見門外果然來了五位登山者，渾身濕透，低下了頭，看上去十分狼狽，似乎被暴風雨折磨得很慘，於是立即讓他們進內休息。其間隊員們試著向他們攀談，但對方一直低頭不語，隊員心想可能是對方累壞了，也就再不打擾，各自休息。

翌日起來時，卻發現昨晚進來的五人消失得無影無蹤，這時陽光跑進成功堡裡，登山小隊一行人才發現牆上原來掛有幾名遇難者的照片，細看之下竟然和昨晚那五人一模一樣。

另外，有人曾經在成功堡內過夜時，夜裡聽到水滴聲，查看水滴來源時，發現是水氣於牆上凝結成水再滴下。這本是自然不過的事，但奇就奇在水滴卻剛巧在五人的照片中雙眼的位置流下，彷彿五人在無聲流淚般，詭異嚇人。

有關奇萊山的恐怖故事，會到這裡為止嗎？

陸軍官校事件

奇萊山雖然發生過兩宗嚴重山難，但依然不減登山者對它的愛戴。

一九七六年八月，八名陸軍官校的學生趁休假組隊攀登奇萊山，吸取了「邱高事件」及「清大登山社事件」的教訓，他們不敢怠慢，做足準備，擬好路線後，亦先留意天氣報告，當時颱風畢莉已在太平洋形成，但天氣預報指畢莉的前進路徑偏離台灣，不會對台灣造成太大影響，讓這八名學生安心出發。

他們定的路線剛巧跟幾年前的清大登山社一模一樣，他們先包車直接前往松雪樓起步，開始攀登上奇萊主峰。

豈料颱風畢莉的路線並不似預期，竟然直接吹向台灣，並將在他們出發後不久登陸。

由於八人是軍校出身，體能出色，下午已抵達奇萊主峰，其時才知道颱風要來，但已趕不及下山，於是覓地紮營，希望抵禦得到。只是人類的力量在大自然之前實在太過渺小，帳篷最終被吹翻，眾人只好緊急撤離。和幾年前的清大登山社員一樣，他們的目標同樣是希望撤退到松雪樓。

結果，一名姓賀的隊員率先抵達松雪樓求救，搜救人員立即依其登山路線出發搜救，兩天後發現四名隊員，全部奄奄一息。另外三位則仍然失蹤，生死未卜。

又過了兩天，松雪樓的管理員於夜深人靜時聽到外頭傳來一段規律的敲擊聲，認為可能是求救訊號，遂循聲前往查看，竟發現了失蹤數天的姜姓隊員，將之救起。

姜隊員獲救讓另兩位失蹤隊員的家長重燃希望，其中李一成的父親就聘請了登山專家林兩全組隊上山營救愛兒。

林兩全連同一名女隊員另加兩名原住民和一名警員上山搜索，四天之後，終於在一條小溪旁邊發現李一成。當時李一成的身子不但蜷縮起來，還呈跪坐的狀態，林兩全看在眼裡，覺得有點奇怪，猶豫間，女隊員卻一枝箭般跑過去，拍了一下李一成的肩膀說：「李一成，跟我們回家了。」

本來還維持跪座狀態的李一成聽罷竟頹然倒下，女隊員這才發現李一成原來早已氣絕多時。

林兩全雖然為未能救回李一成而感到惋惜，但生要見人，死亦要見屍，只好用睡袋包起李一成的屍體，再通知搜救隊將之運送下山。林兩全等人則先離開，回到成功堡休息。

結果雖然令人難過，但林兩全總算完成任務，但不知怎的他就是心下難安，有種不祥預感，認為會有什麼怪事發生，於是他當晚就用鐵線把成功堡的大門綁個結實，以防萬一。

夜半，女隊員人有三急，就想外出方便，卻被林兩全喝止，說怕有怪事發生，勸她不要開門。但這可不是話忍就忍到的，女隊員最終還是解開了鐵線，打開了門。

門一開，腳還未跨出去，卻見渾身濕透、滿身泥濘、面無血色，雙眼緊閉的李一成站在門外，嚇得女隊員驚呼狂叫，連連後退，差點沒撤得一褲子都是，其他隊員見到亦是嚇得魂不守舍。

眾人中只有林兩全仍然保持冷靜，因為果然如他所料，有怪事發生。他認為是因為女隊員一句「李一成，跟我們回家吧！」犯了禁忌，令李一成的鬼魂與他們同行，遂大著膽上前說：「李一成，我們已經找到你了，我們的任務已經完成，我會再向你隊裡的長官會報，請你別再來找我們了。」

李一成聽罷就轉身離開，消失在漆黑之中。

一個月後，台大登山社的學生在攀登奇萊北峰時發現最後一名失蹤的楊姓隊員。最終，在這陸軍官校事件的八人之中，只有兩人倖存下來。

他們的遭遇與清大登山社員的遭遇如此相似，到底是真的巧合，還是另有隱情呢？

有關黑色奇萊山的故事就說到這裡為止，希望將來亦不要再有人為這座大山添上更多傳說了。

最後筆者想在這裡說句老土話，「天有不測之風雲」這一句話真是不可不信，就算現今科技發達，我們隨時都可以從 GPS 知道所在位置，隨時都可以從網上得到最新的衛星雲圖、天氣資訊等，但天氣變化瞬息萬變，永遠超出我們估計，登山必須量力而為，留得性命，才能征服不同名山啊！

借屍還魂

借屍還魂，一個不陌生的四字詞，常見於小說、電視劇和電影的故事裡頭。現實中也偶爾會聽到，不過真正的借屍還魂個案，又有幾多是真呢？

我信有借屍還魂，亦同時相信要達成不易，大多數聽見的個案都是騙人的，除了朱秀華事件。

事件發生於台灣雲林縣麥寮鄉，事發距今已經六十年。雖然叫作朱秀華事件，但女主角的名字叫做林罔腰，雲林縣人士，只懂台語，目不識丁，而且體弱多病。某日病故之後，竟忽然甦醒，自始自稱朱秀華，說自己是一名來自金門的已故少女，借了林罔腰的屍身還魂，重新做人。

如何證明呢？

林罔腰只懂台語，病後由他所住的麥寮海口腔，變成了金門口音；由目不識丁，變得懂讀書寫字，甚至吟詩作對，還會算術。而且談吐舉子亦大不相同，本來人到中年的林罔腰，舉手投足都變得懷春少女一般，就連食飯口味亦由葷食轉為素食，家人朋友都感覺她變另一個人似的。

那麼，到底朱秀華是個怎樣的人呢？她借林罔腰的口道出了自己的身世。

朱秀華，十七歲，金門人士。就在借林罔腰的身體還魂的一年前，金門八二三炮戰爆發，數以萬計的炮彈打向金門，百姓害怕，相繼奔逃，於是許多親友聯袂離鄉別井，乘船出走，打算逃到台灣本島。

朱秀華卻不幸與家人失散，孤身誤上另一漁船，而更不幸的是漁船其後中彈失控，雖未被擊沉，卻只能在台灣海峽中漂浮。幾天之後，漁船隨海流漂到雲林外海的海豐島上，而朱秀華雖然已經失去意識，卻沒有死去，成為了船上唯一的生還者。

島上的漁民上船查看，救醒了朱秀華。

當朱秀華以為自己逃出生天之時，真正的不幸才降在她頭上，俗語有云「財不可以露眼」，朱秀華可能有點家底，走難時家當隨身，卻不幸被這些漁民看見身上金飾，見獵起心。正所謂「一不做，二不休」，漁民不單劫財，還打算殺人滅口。

朱秀華為求活命，馬上交出身上錢財，還答應甘願為奴為婢。

其中一名有份救朱秀華的漁民林清島總算人性尚未泯滅，不齒同伴的行為，試圖救她，最終卻被同伴毒打一頓，眼白白看著朱秀華連同破船被推回海中，沉入大海。

朱秀華幾經波折，最終還是香消玉殞。

本來人死應如燈滅，但朱秀華的奇妙之旅現在才開始，她竟然留有意識，她的魂魄漂流到了台西鄉，得到機會向五條港安西府裡頭的三位王爺神，分別為張尊王、李鄰侯和莫將軍哭訴自己的悲慘遭遇，三位王爺聽罷深表同情，便把她的靈魂留下，暫居廟中。

一年過後，三位王爺告訴朱秀華於雲林有一名為林罔腰的女子陽壽將盡，適合朱秀華用以借屍還魂，便命她前去，最終真的還陽現世，再借林罔腰之口將整個故事娓娓道來。

林罔腰的家人事後有親到金門求證，朱秀華聲稱其父名為朱清，而林家真的有問到金門確有一名為朱清的一家在逃難時失蹤，但對朱清是否有一女兒名為朱秀華則無印象，而由於朱清一家已經失蹤，難以進一步對證。

但，如果不是借屍還魂的話，這一切古靈精怪之事又該如何解釋呢？最廣為引用的說法，就是林罔腰得了精神病，病名為「解離性人格障礙」(Dissociative Identity Disorder，DID)，亦即我們時常聽到的「人格分裂」。朱秀華不過是林罔腰的其中一個人格而已。林罔腰之所以能杜撰出朱秀華的故事，是因為金門炮戰是一件大事，台灣人基本上都知道，而當中有很多逃難的故事，人人道聽塗說，林罔腰可能也是其中一人，只是聽罷沒放在心上，卻不知道原來已記在潛意識裡頭，到精神病發作時，就被另一人格朱秀華拿來編寫自己的身世。

至於為什麼林罔腰會由目不識丁變到懂得讀書識字呢？

有專家認為台灣自日治後本土文盲率偏低，很少會有人完全不識字，極其量只是懂得少一點，或許不會造句寫文章，但理應看得懂。估計林罔腰本身對讀書沒有興趣，而家裡又是務農維生，根本沒有書寫的必要，所以予人目不識丁的印象。但當性格切換成朱秀華的時候，則喜好讀書，多讀之後就慢慢學會寫文章了，所以給予身邊人落差很大的感覺，認為她變了一個人似的。

至於為什為林罔腰會由麥寮口音變成金門口音呢？這個也可以從醫學上解釋到，林罔腰很可能是得了「外國口音綜合症」。現實中有不少案例，例如一位美國女士在發高燒後忽然由美國口音變成英國口音、又有一名澳洲人在車禍後由澳洲口音變成法國口音等，全球迄今已有六十多個病例，林罔腰並非唯一。這個病的成因是來自於腦部控制有關語言的區塊受損而導致。

那麼，真的只以「病」就能解釋到發生在林罔腰身上的一切嗎？

倒不盡然。

如果朱秀華只是林罔腰病發所創造的人格，為什麼她會知道金門有名朱清的一家呢？要說朱清這個名字很冷門可能說不上，但也不算常見，難道真是碰巧嗎？或者又是潛意識作祟，只是曾經聽人提起過？

那麼，有關台西鄉廟裡三位王爺的事呢？林罔腰從未去過那裡，卻又講得出那個地方的事情，難道一切都訴諸於道聽塗說嗎？這個解釋，筆者認為有點牽強。

解離性人格障礙症是一種罕見的精神疾病，雖然近年多了研究，但其實當中爭議很多，就算是醫學界的權威也會抱持不同的看法。研究指出，每一個被塑造出的人格都可能是發展完整，具備獨立思考能力，而且主人格不一定是原人格，換言之於朱秀華個案中，朱秀華雖然是後創的人格，但亦有可能取代原人格林罔腰的。病患的人格數目不限，切換的頻密程度亦因人而異，可以是幾個小時、幾天、甚至十幾年，但朱秀華卻完全取代了林罔腰，直至二零一八年壽終正寢，享年九十七，林罔腰的人格一直沒再出現，這又是否正常呢？

但無論是林罔腰的靈魂也好、朱秀華的靈魂也好，都已經雙雙離開那副肉身、離開了這個世界。

【第二章　怨】

狐仙、狐妖、狐狸精

提起狐仙，香港人第一時間想起的一定是發生於一九八一年的「溫莎大廈狐仙事件」。

相傳，香港有名的富翁巨賈胡文虎及胡文豹兩兄弟好拜狐仙，並將所拜之狐仙安放於香港赫赫有名的「虎豹別墅」之中，讓一眾狐仙於別墅中修練，同時換取狐仙庇蔭，使得他們生意暢旺，財源廣進。

胡文虎仙遊後，胡氏後人開始將虎豹別墅部份地段分拆出售，別墅中的狐仙們怕是樹倒猢猻散，紛紛逃離，最後寄居於溫莎大廈（即現今之「皇室堡」）裡一塊雲石之中。

傳說當年有一對夫婦為孩子在溫莎大廈的一間酒樓擺滿月酒，當晚孩子卻不幸猝死，死狀可怖，彷彿全身血液被吸乾，有傳是寄居於該大廈的狐仙所為，因該對夫婦辦酒宴時未有孝敬牠們之故。

傳聞一出，引來大批市民爭相到溫莎大廈一睹狐仙容貌，都說能在雲石上看到狐相，還數出足足七隻，言之鑿鑿。

看到這裡，讀者會問，這不是香港的故事嗎？與台灣傳說又如何扯上關係呢？

皆因狐仙之亂，最後由一神秘高人收科，這位高人的身份眾說紛紜，有說是香港人，有說是台灣人，但無論來者何人，大眾均相信大師將狐仙收了，再流放於台灣的陽明山上。

及後發生在台灣有關狐仙的故事，是否與香港的狐仙有關，就不得而知了。

於網路上，有不少台灣朋友分享曾騎機車於陽明山附近的山路奔馳，期間聽到神秘的動物叫聲，疑似是狐狸叫聲，而奇就奇在只有特定的人士聽得見，同行者則未有發現。而於台灣靈異界很有名的陳為民亦提到自己有聽過，更有人聲稱曾經親眼目擊狐蹤。無論是聽見也好，看見也好，在狐狸出現前後皆會冒起濃霧，感覺是要跑出什麼古靈精怪，又或者快將闖進什麼結界一樣。

有人會問，會不會真是有狐狸碰巧經過出現啊？山中有狐狸的話，牠們會叫也不出奇啊！問題是，台灣根本就沒有本土出產的野生狐狸，頂多只有家裡養的寵物狐，可不會放到陽明山四處跑。

另有很多傳聞在陽明山經常有人遇上「鬼打牆」的狀況，在山裡迷路打轉，這都是被狐仙戲弄之故。

狐仙傳聞雖多，但要命的卻沒有聽過，倒不似溫莎大廈那些嗜血兇殘，看來並沒有那麼壞啊！

我認識一位對道術甚有研究的師傅透露，所謂狐精，跟人一樣，也有好壞之分，好的是狐仙，壞的則是狐妖，與大部份香港人的印象並不相同，我們都有一個套板印象認為狐狸精都是壞的，所以才會拿這三個字來罵人。

其實自古以來，狐狸精經常出現在不同的故事之中，端是有好有壞，例如中國文學其中一部經典《聊齋誌異》中就經常有狐狸精幻化成人的故事，很多狐狸精都有情有義，作惡的反而是人。又以日本為例，被稱為最偉大的陰陽師安倍晴明傳說是狐狸所生，也有不少供奉狐狸的神社。

執筆之時，在日本要來鎮壓九尾狐的殺生石竟然無故斷裂，又會否是個凶兆呢？

同樣地，台灣也有拜狐狸的信仰，設有狐仙廟，是來自江西龍虎山天師府的得道正仙，所以絕非陰廟。狐仙不單不會害人，而且還會助人，讓善信工作順遂、人緣暢旺、心想事成。據知善信眾多，甚至有些明星也是靠拜狐仙而上位，信不信由你。

有些人以為拜狐仙一定要用生雞蛋，但其實是個誤解，拜狐仙所用的物品並沒有太大限制，用熟雞蛋也行，只要是完整就可以了。肉類則可以用雞、鵝、魚和豬肉，熟的沒關係，一樣只要完整就行。還有糖果、甜品、鮮花、香水等等。

筆者以前曾經在香港的黃大仙嗇色園工作，道長教落，拜神最緊要有心，只要有心，一注香，一杯清水即可，心誠則靈。

要你捐大堆錢，又要你孝敬生肉生雞蛋，甚至奉上自己鮮血的，是否可信，就見人見智了。

蔣公騎馬

在台灣有不少蔣介石的銅像，我家附近就有一個。

這些銅像背後，都莫名奇妙地有不同的靈異故事和奇異傳說。

有台灣鬼王之稱的靈異節目主持人陳為民在他的著作《無聊男子的軍中鬼話三》中就提過——

「十二點整，銅像原來舉起指向前方的右手，竟然放了下來，抓住放在馬背上的韁繩，左手放下韁繩，慢慢舉起，指向前方！包括連長在內，超過三十個人都親眼看到，銅像在他們面前換手！換得那麼自然，根本就像是真人在換手一樣！」

除此之外，有關蔣公銅像的傳說可說是多不勝數，除了會換執韁繩的手之外，也有傳蔣公胯下那匹馬可能日復日的站著覺得累了，偶而會換腳站立。有人說霧起之時，蔣公偶而還會騎著馬於操場散步，更有人聲稱見過蔣公策馬於山路中巡邏。

讀者只要上網隨意搜尋，諸如此類的蔣公銅像故事多得數也數不完，一會說蔣公流血淚、一會說蔣公會懲罰對銅像不敬的人，加以掌刮、有說蔣公銅像會發光發亮云云。

我看著看著，故事情節什麼的有點熟悉，香港好像也有類似的故事，年輕一輩可能比較少聽，但筆者小時候還是不時會聽到一些長輩提起。

傳說在香港的兵頭花園，有一隻石獅子，由於長年在花園內吸收天地靈氣，因而成精。石獅不單會在花園內跑動，還會吐出口中石珠，用以傷人。曾經有一對男女於晚上在兵頭花園內散步，經過石獅所在之處時，男士忽然被硬物擊中，頭破血流。兩人環目四顧，空無一人，只見地上有一染了血跡的石珠子，十分離奇。其後，類似的事件接二連三的發生，於是就有傳是石獅吐珠傷人，最後請法師將石珠移除，從此相安無事。除此之外還有大會堂金馬成精，相傳金馬還會跑到海邊飲水云云。

想著想著，日本不是也有一個相傳會走動的二宮石像嗎？

諸如此類的故事在全世界不同地方可謂多不勝數，不單石像和銅像會動，博物館裡的展品、雕塑、學校裡的人體模型、服裝店裡的模特兒模型，幾乎全部都趁夜裡無人時動起來，多得都可以開派對了。

可惜的事，這類故事，談論的多，證實的少，而且很多聽來都是無稽之談，我本人大都抱持懷疑的態度。

為什麼只要有「人像」的地方都會傳出相關的靈異故事呢？

這與人類對人像的想像與恐懼有關。人類會對看起來像人又不是人的東西存在一種莫名的恐懼，人們會在意識不到的情況下經常觀察這些像人又非人的東西。你有這樣的記憶嗎？學校裡的人像，你明知那裡放著一個人像，你每天都經過那裡至少一遍，但偶爾你還是會回望它，不時有種錯覺它剛剛好像動了一下、它好像偷瞄了我一眼，感到一種莫名奇妙的視線落在自己身上，疑神疑鬼。

又有種說法，這類人像由於與人太過相似，很容易會被靈魂寄居，從而有了「生命」。常聽人說就算是神像，只要沒有開光也會惹來邪靈托居，何況是普通人像？

然而，不知大家有沒有發現，諸如此類的傳說，在過去比較盛行，現代則鮮有傳出，正如筆者先前所說，石獅吐珠傷人事件我是小時候聽回來的，近三十年則再無傳聞。其中一個原因，或許是科技發展一日千里之故。現在一天都是人造衛星，一街都是監視器、人人手執可拍照拍片的手機，如果人像會動，為什麼這些年來都沒有拍到？蔣公策馬那麼大動作，沒可能拍不到啊！

或許有人會說，怕不到也不能代表沒有啊！鬼魂也拍不到，你不也是信嗎？但所謂的鬼魂和幽靈在本質上未必就能拍攝得到，但碩大的銅像則比較難逃過法眼。

網路上，雖有很多影片拍到裡頭的死物會動，例如一些洋娃娃之類，但筆者每每看過之後都認為有很多穿崩處，相信造假的機會很高。

的確，要證明一件事物不存在是很難的，這個年代，有相有片也不一定眼見為真，信與不信，就端看個人判斷了。

辛亥隧道

與交通有關的都市傳說和靈異故事一樣是世界性的，基本上世界上任何地方都有它的獨有故事。

以香港為例，各大高速公路都有靈異故事，皆因交通意外多了，人死得多了，自不然就會有冤魂不息之類的傳言。輕則有靈體在公路上向你招手，重則見到紙紮車在公路上飛馳，十分嚇人。而要數最出名的靈異事件，應該是警察交通部拍到的一張快相，裡頭清晰拍到一疑似靈體，泛出橙紅之光，面目猙獰，看得人膽為之寒，引來媒體爭相報導。

至於台灣，要說經典，最廣為人知的一定是「辛亥隧道」，只要搜尋一下與之相關的鬼故，多得看也看不完。

我信，因為我有朋友曾經親歷其境。

朋友的親身經歷，我有收錄在拙作《跨鬼界　馬菲的靈異世界》裡，現略作簡述。

朋友阿花搭友人的便車回家，機車開進辛亥隧道不久，發現隧道裡靜得出奇，前後皆無車輛，就只得兩人所乘的機車於隧道內獨行。隧道無車，也就算了，但那天兩人覺得走慣走熟的辛亥隧道就是與平日不同，彷彿走不完似的，要比平時花多很多時間才走到近出口處。

這時，兩人竟然驚見出口處站了個老伯，與其說站，不如說飄，因為老伯下半身是空蕩蕩一片的，真是見鬼。阿花自是嚇了一跳，她的朋友更慘，嚇出病來，要臥床幾天。

阿花在辛亥隧道遇到的靈體是老伯，但傳說中最有名的卻是會截車的女鬼，若你肯停車載它，跑到中途就會消失不見。又有說縱使你不停車，它或它們都會硬坐你的順風車，嚇得你唸起經文時，它們還會跟你說「沒用的，我不怕」，但到離開隧道後，它們就會消失不見。

就連赫赫有名的作家司馬中原都寫過一篇有關辛亥隧道，名為《恐怖夜車》的故事。內容提到有一計程車司機，夜裡在醫院載到一名少婦想要回家，會途經辛亥隧道。司機因為聽聞辛亥隧道十分猛鬼，故有點猶豫，不過最後都有送少婦回家。

抵達目的地後，少婦說身上無錢，要入屋取錢付車資，司機不虞有詐，就由她去了。然而在車上等了又等，卻始終未見少婦出來，司機於是下車來到門前，按起門鈴。出來的卻不是少婦，而是一中年女士，付錢後告訴司機，司機所載的是她女兒，早幾天在醫院難產死了，昨晚也這樣回來過一次，一樣由她付錢，聽得人毛骨悚然。

為什麼辛亥隧道會那麼猛鬼呢？

事緣辛亥隧道在挖掘之前，該處有很多老舊的山墳，後因開鑿被移動過。另外，辛亥隧道的出口處剛巧是台北市第二殯儀館，真是雙料齊下，雙鬼拍門，難怪鬼話連篇，特別有說服力。

筆者來台五年，印象中從未經過辛亥隧道，尚未有機會親歷其境，見個真章。但若問我那邊是否真的那麼猛鬼，我認為倒不出奇。除了剛才提到的山墳和殯儀館兩個原因之外，其實隧道一類的處所，長年不見天日，陽光無法照射，的確容易聚陰，有鬼不奇。

我相信部份有關辛亥隧道的靈異故事是真的，例如我朋友阿花的故事。但我剛才提到司馬中原的故事，大家聽著有沒有覺得有種耳熟能詳的感覺？嗯，我記得我好似在網台節目《恐怖在線》聽過近似的故事。

至於遇女鬼截車千萬不要停的鬼故，我也有聽過港版的，說清水灣電視城出市區方向，夜裡有阿婆截車的話千萬不要停車，載了她的話隨時冤魂索命。曾經有個司機途經該處，真的遇上阿婆截車，不敢稍停，加速駛過，卻聽到車身似有被硬物抓刮之聲，令人心寒牙酸。但司機連望一眼倒後鏡也不敢，直出市區，到多人地方才敢落車查看，驚見車身多了幾道爪痕，由車門門把一直延伸至車尾，十分嚇人。

至於消失的搭車客，更是外國早有流傳的都市傳說，半點也不陌生。

我不是說那些故事都是假的，只是當一個故事有不同版本然後流傳於不同地方，的確會讓人懷疑其真實性，或許這的確曾經發生過在某處，但之後在其他地方流傳的就很有可能是以訛傳訛，或用以改編的虛構版本，這些後來版本的真實性就成疑了。

華航空難

香港人如年紀與我相仿，又或比我更年長些的，小時候都有個活動，叫做去九龍城看飛機，說的是看飛機升降，在距離民居極近的情況下，在繁囂的鬧市中穿梭往返。

近距離看見飛機升降固然讓小時候的筆者覺得興奮，當中的興奮相信部份由恐懼轉化而來，我想每個目擊這個過程的人也曾在心裡問道：「若不幸發生飛機失事怎辦？撞到高樓大廈的話必定傷亡枕藉吧？」

不幸地，在二零零三年後這光景再不流於想像而已。

不過，當香港機場仍在啟德的時候，從未出過意外，聞說那些年駕駛來港飛機的機師都必須是經驗豐富的老手，並非一般的菜鳥能駕馭得到。

提起空難，香港人首先聯想到的大概會是馬航空難吧！除了因為發生的時間較近之外，亦因為它的話題性，其複雜和神秘的程度本身就能醞釀出一個傳說了。

但在台灣，當提起空難，大部份台灣人會想起的卻是發生在二零零二年的華航空難，發生在台灣的最大型空難。

二零零二年五月二十五日，華航 CI-611 班機由台灣桃園機場起飛，前往香港，途中因機身金屬疲勞之故，在澎湖外海上空解體，機上兩百二十五人全部罹難。由於飛機是在半空解體，飛機殘骸及乘客遺體悉數落入海中，由於範圍廣闊，風高浪急，打撈作業需時，以至在空難七天後仍有過半遺體未被尋獲。

空難消息連日佔據各大媒體的版面及電視新聞，可說是受到全台灣人的關注，是件無人不知的事件。

五月三十日，亦即華航空難發生後五日，一位姓張的男士聲稱收到一則電話留言，是來自一個他不熟悉的電話號碼。張先生稱他的電話號碼只有十來個家人朋友知道，平時就很少會有人致電給他，當年仍流行家居電話，一般人要找他都會通過家中電話。

張先生起初認為一定是詐騙電話之類，本想視而不見，但不知怎的心血來潮，還是決定開來聽聽。

電話另一端傳來一段說話，張先生起初無論如何也聽不清楚說話的內容，而教他聽得毛骨悚然的是話聲背後的雜音，彷彿是此起彼落的海浪聲。張先生還將電話錄音交給身邊的同事聽，結果聽者都認為說話者似在海中漂浮，而慢慢地，經大家一同研究良久，終於聽得出來那話聲竟然是台語的「我不想死在這裡」。

平常聽到這樣的錄音，十之有九會認為是惡作劇吧？然而，因為當時剛發生華航空難不久，電視新聞還在播報有關死難者快將頭七的消息，張先生就想，這會不會是有死難者從陰間撥出的電話呢？

據講，後來張先生試圖作多方面的追查，卻一直無辦法查到有關該電話號碼的資料，真相就和客機一樣沉入大海。

張先生有把錄音截取下來轉寄給幾位朋友，傳說因而散播開去，讀者們可以在Youtube上找到「華航空難靈異錄音」的片段，瀏覽次數近六十萬次，有興趣的話可以播來聽聽。

華航空難靈異錄音

讀者聽著可能認為只是巧合，而且單單一段錄音也不代表什麼。

但原來除了張先生以外，還有其他人收到類似的來電或短訊。

謝先生的朋友不幸於空難中離世，但他卻於事發一個多月後發現來自朋友的未接來電記錄。謝先生向電訊公司追查，該號在空難後已再無人用，屬於空號，然則是沒可能給謝先生打電話的了。

另外，一位罹難者廖先生，他的十多名親朋戚友竟在他死後陸續收到來自一號碼為「23581414」的電話，接聽時卻只得一些吵耳的雜訊，親友們將之解讀為廖先生通過電話帶給他們「勿想我吧，已死已死。」的諧音訊息。

到底靈體真能透過電話發出訊息嗎？甚至能從另一個世界打出電話嗎？

雖然聽起來很不科學，但我對此並不抱持否定態度，畢竟這個世界就是有很多科學不能解釋的事。

我相信只要頻道對上了，靈體是有機會透過一些機械發出訊息，簡單如開關電燈、讓擴音器放出一些奇怪的聲音等。以我認知，頂多只能作出一些簡單操作，如果複雜到打電話留言或發出有內容的短訊，就真的難說得準。

我在拙作《黑色救護誌》中亦有提過有關打電話的神秘經驗，一次是致電病人家屬問及病情等事宜，接通後對方稱請我們找他妹妹，病人卻稱我們所打的電話號碼擁有人已經不在了。另一個事件則是我們與病人以電話聯絡，從對方口中得知，理應身處同時同地，但我們卻沒有見到對方，而從病人的語氣聽來他並不似在惡作劇。兩則故事的內容我就不在此詳述了，有興趣的朋友可以買回我的舊作重溫，我只是想帶出為什麼我對諸如此類的事情不會立即加以否定而已。

當然，我提到的故事亦可以從科學角度去解釋，例如電話號碼擁有人已離世卻有人接聽，很可能是電訊公司將該號碼給了新的客戶，而該人在接聽電話時言語間有所誤會。

那麼，華航空難的這幾通神秘電話又該如何解釋呢？

收到神秘錄音檔的張先生，雖然覺得事情神秘莫測，但他個人是偏向相信很可能是一名與太太吵架的男子跑到海邊散心，喝得爛醉時糊里糊塗打錯電話，然後胡言亂語。

這個推測聽起來雖然搞笑，但並非全無道理，人在海邊才聽得到海浪聲啊！我們平日聽到的海浪聲，最主要是浪濤拍岸時發出的聲音，人在海中心浮沉時反而較難聽到海浪聲，相反更容易聽見風聲。

我於網上聽過該段錄音，正如我所說背景的海浪聲似是在海邊的聲音而非海中心，由於我不懂台語，所以不清楚錄音中的男子在說什麼，只聽到他不斷嗚咽，據稱他在說「我不想死」，但一個人說不想死也不代表他一定遇險，也可以是一個剛發現自己得了癌症的病人，感到情天霹靂在海邊散心時給朋友一個錄音。我不認為錄音是假的，是故意錄出來騙人，我反而覺得錄音是真，只是並非與華航空難有關而已。

有人提出，有無可能是意外發生後，有生還者於待救期間發出錄音訊息？我認為如果客機是直接墜到海中的話才有可能，然而該華航客機是在高空解體，正常情況下，人在三萬呎高空被拋出機外會立即昏迷，就算不昏倒，從高空墮入水中也是難以倖存，相信是生還者大難不死在海中待救，還撐了五天才發出訊息的機會可說是微乎其微。

至於逝者電話來電或訊息，讓我想起電影《無間道》裡的梁朝偉電話響起，來電顯示竟然是已死的黃秋生電話，詫異之時接聽，傳來摩斯密碼，發訊的當然不是黃秋生，而是劉德華。畢竟，先前提到的個案，都是看來似是而非的蛛絲馬跡，而不是真的與亡者對談。

而最重要的是，以上提到的所有當事人，從沒一個有現身說法。

Check this out：華航空難成因

事後調查發現已有二十二年機齡的這班客機，在出廠六個月後曾經發生過一次降落時擦撞機尾的意外，導致機身受損，維修人員卻未有依指示維修，並沒以新及足夠的蒙皮覆蓋已受損的機身蒙皮，而是單以鋁板覆蓋。及後多年，其他的維修人員皆沒有發現這過失，最終導致金屬疲勞而斷裂，在空中承受不了壓力而解體。

所以說會有靈異事件，也不出奇，因為這宗空難並非意外，而是人禍。

日據刑場

日據刑場，或稱日軍刑場，香港人不會陌生的名字，香港有，台灣也有，而且不只一個兩個，在傳說裡頭，就像便利店般總有一個在左近。

我在香港時是大埔人，大埔最出名的猛鬼地除了新娘潭和常寂園外，就數運頭街了。曾經有傳言有一夜歸少女路經運頭街，忽然見到地上現出數之不盡的人頭，樣子淒厲並發出慘嚎，一時彷如人間地獄，把少女嚇至暈倒。據聞該處是日軍刑場，將犯人斬首後就將頭沿大街運走至現運頭塘邨的位置，該街因而得名「運頭街」。另有一說，人頭是運往山坡上的運頭角里，即現今網球場的位置，故網球場的一角長期燒香，為的就是安撫冤靈，這些故事我也有在拙作《黑色救護誌》中講過。

然而，那裡真的有過日軍刑場嗎？我問過很多老一輩的大埔人，都表示沒有聽過，只聽過以前那裡有塊空地，有人在上面養雞而已。運頭街亦早已鬼影無隻，而是很多大埔人的宵夜天堂，食肆開到凌晨四點，十分熱鬧。當然，這是指疫情之前，執筆之時變得鬼影幢幢倒不出奇了。

我是不相信這個傳聞的，香港政府又怎會拿一件這樣恐怖的事來當作街名呢？過去香港的確有些地名並不吉利，例如調景嶺的前身就叫吊頸嶺，及後都將之改掉，但「運頭」系列卻沿用至今。因為「運頭」所代表的並非運送頭顱，而是「鴻運當頭」的意思，帶有吉利之意。

在台灣，有人做過統計，曾傳出有關日據刑場鬼故事的地方，就至少有二十個。大部份的故事都十分相似，例如某處有一荒廢古井，日軍將斬殺後的屍首都扔進井中，因而傳出很多鬼故事。或在大雨夜時古井溢出血水，或聽到古井裡有人嚎哭等。

又有些靈異故事是與學校有關，例如有學生因故留校至晚上，卻發現夜裡竟有一班日本士兵在操場上步操。另有說見到日本士兵拉著一些看似囚犯的人走到操場上進行斬首之刑，旁邊還站了牛頭馬面。

其餘的刑場地點還包括百貨公司、飯店（即香港人口中的酒店）、公園等。

那麼，台灣在日據時期真的有那麼多刑場嗎？

答案絕對出乎你意料之外，根據資料顯示，連一個都沒有。

日據時期畢竟並非上古時期，很多日本在統治時的所作所為都有記載下來，特別是在台建設，不單有文字記錄，甚至連圖則一類都有留下。而台灣在日治時代時根本就沒有專門用以行刑的所謂「刑場」。按當時的日本《刑法》規定，死刑是在監獄內進行的絞刑，而非斬首之刑。

若硬要將監獄內的狹小行刑所說成是刑場呢？倒不是不行，但首先到處都是刑場之說仍然不攻自破，因為日治時期的監獄只有八所，當中只有三所會行刑，換言之刑場頂多只得三個而已。

換言之，在台灣聽到大部份有關日據刑場的故事都是子虛烏有，又或穿鑿附會。成功嶺上夜裡傳來的慘號聲，可能真是鬼叫，但與日據刑場無關；某某飯店夜裡可能真的鬼影幢幢，但與日據刑場無關；市政大樓施工時意外頻傳可能邪門，但同樣與日據刑場無關。

在香港，我相信情況類同，但既然所謂的日據刑場根本不存在，為什麼又會有如此多的傳言呢？

這牽涉到幾個方面，首先就是香港人和台灣人對日軍的恐懼情緒，因而只要覺得一個地方很陰、又或覺得某些事情邪門，就立即聯想到與日軍有關，現實卻不然。

其次在於人們對靈異事件的合理化想法，假設遇到靈異事件是真，但為什麼這裡會有那麼多靈體啊？人們在遇到諸如此類的問題時都會嘗試去找一個理由解釋，當解釋不到時最好的理由就是日據刑場，萬試萬靈，所有的怪事都立即變得合理。

若然是單純的故事創作，更加需要有時、地、人了，日據刑場和亂葬崗這兩個場所，絕對是創作鬼故事背景的不二之選。

然而，我作為一個有頗多靈異體驗的作家，想告訴大家的是，所謂靈異之事，是另一個世界的事，並不能用我們現世的一套準則去考量。你以為無緣無故哪有這麼多鬼，但鬼並不會跟你講道理，它要出現時就出現，不管你是在刑場還是墳場。

Check this out：真正的日據時期行刑地點

在台北只有一處「刑場」，這「臺北刑務所」位於如今大安區的愛國東路、金華街與金山南路交界一帶，現址是中華電信及中華郵政廳，卻出奇地早已被遺忘了是個行刑地點，從無傳出相關的鬼故事。

至於「臺南刑務所」原址現在成了新光三越百貨公司，裡頭曾有鬧鬼傳聞，原因也是與日據刑場有關，這次總算對上了，聽說那裡很陰，有興趣的朋友不妨去探個險。筆者亦有去過，可惜卻毫無感應。

日據刑場未為真，那日軍鬼魂又敦真敦假呢？

日本曾統治台灣一段長時間，同時亦有派兵駐守，曾有日軍死於台灣也是自然之事，人死為鬼，留在台灣，也不出奇。正等如很多香港人說見過英軍鬼魂，尤其在摩星嶺白屋，據說曾有英軍死守該處，最終戰死云云。

我是個寫靈異故事的人，對於鬼故大都不抱否定態度，但從不同的鬼故事裡頭，卻不時可以看到很多人工雕琢的痕跡。

正如剛才提到，有港人到摩星嶺打野戰，竟驚見英軍鬼魂出現並肩作戰，雖有被英靈嚇到，但其實它們是為了守護香港而犧牲，並無惡意。

但在台灣出現的日軍鬼魂幾乎都是清一色殘暴、恐怖、會罵人、甚至發動攻擊的惡鬼。可能你會覺得，這切合日本鬼子的邪惡印象啊！當然，日軍當年侵略香港，作惡多端，自不在此多言。但在台灣卻有點不同，因為日本早在一八九五年已經殖民台灣，其後日軍視台灣如自國的一部份，而非敵國，就算最後身死台灣，也不見得就要敵視台灣人，於理不合。反之，其實當年有不少台灣人曾為日本帝國出征，可說是同一陣線。在日治時期，幾乎從未傳出任何日軍鬼魂作祟的故事。

然而，自從日本戰敗撤走，換上新的統治者後，就開始傳出日軍鬼魂作祟的故事，而日軍鬼魂的形象在該些故事裡都差之又差，當中到底是真有其事，還是涉及人為操作，就留待讀者自行研判了。

冥婚

冥婚，顧名思義就是與幽冥結婚，有分人鬼之婚和鬼鬼之婚。

我在香港的靈異節目裡就看過一個案例，說有一對父母，午夜夢迴見到亡女回魂，告訴他們於地府裡認識了一隻男鬼，情投意合，想要冥婚，希望父母成全。這對父母本來還半信半疑，未料翌日有人登門造訪，說兒子托夢想要娶妻，內容跟夫婦昨晚夢見愛女所說的一模一樣，知道不假，於是就答應舉行冥婚，圓一對亡魂心願。這一種，就是亡者與亡者之間的冥婚。

另又聽過香港樂壇一著名組合的成員，本打算與拍拖多年的女友結婚，可惜女友卻因意外去世，男方晴天霹靂，結果在靈堂辦冥婚，有始有終。

雖然我剛剛舉了兩例，但在香港冥婚雖然存在，並不算盛行。

在台灣，則時有聽聞冥婚之事，說在街上發現紅包，千萬不要貪便宜撿起來，因為當你把紅包拆開來看，會發現裡頭放有寫著亡者時辰八字的字條、頭髮、指甲、金飾、金錢、照片等。各處鄉村各處例，裡頭放的東西可能會有點不同，但概略就是這些。當你撿起紅包時，一直躲在暗處的亡者親屬就會撲出來，叫你「姑爺」或「女婿」之類的親暱稱謂，向你表明你檢起了紅包，就是上天注定與亡者有緣，而亡者亦選中了你，希望和你冥婚。

所謂有強姦，無強迫結婚，理論上，你是可以拒絕的，這樣他們亦只能再等第二個有緣人。但有時候人肯算數，鬼又未必，若它真的看中你，隨時糾纏不走，這樣的個案也聽過不少，輕則頭頭碰著黑，重則受傷大病，總之就是要騷擾你，務求你答應為止。相反，若然你肯應承，這過門鬼新娘則會助你這夫君一把，從此一帆風順。

你以為這些都是傳說，我卻聽過身邊人提起，他的學弟正正是因為缺錢，一時貪財撿了紅包，及後抵不住威迫利誘，答應親事，後來又的確有些轉機，這個故事我記錄了在拙作《黑色生活誌》裡頭，頗為有趣，有興趣的朋友可以買來看看。

至於冥婚的形式，一樣各有不同，聽聞有些像活人喜宴一般，只是新娘的座位放的是一塊神主牌，一樣宴請親朋，昭告天下。有些則將之視為白事一種，暗裡進行，並不鋪張，端看該處習俗和信仰而定。

及至婚後，亦有一些規矩需要遵守，例如生者，即男方可以於現世再娶，但須先經冥妻同意（至於怎樣取得同意筆者就不清楚了），同意後陽妻方得入門，按輩份排為小妻，須與丈夫分房而睡。我剛才提到的朋友學弟，據說起初不信，冥妻娶回去後將代表它的相框和照片放到一邊去，還拿衣衫遮蓋著，結果半夜被他的冥妻一腳踢下床。我聽著不禁莞爾，真是信不信由你。

為什麼那些人千方百計都要為亡女辦冥婚呢？

這主要與民間習俗有關，因為「未婚而亡的女性不入宗祠」的關係，迷信者認為家裡若有早夭未嫁女子，怕成無主孤魂，對家族運勢有所影響，所以要補辦冥婚，將之嫁出。

近年，還有直接發廣告招婿冥婚的，有人缺錢應徵，只要對過八字相合，就一錘定音，一手交嫁妝，一手娶冥妻。我覺得這樣明買明賣，倒沒不妥。據聞甚至有專職冥婚者，冥婚過十幾次，賺了一筆。

Check this out：撿紅包冥婚的真實個案

【據台灣蘋果日報報導】台灣嘉儀縣東石鄉一名叫陳平的男子，三十年來分別撿了三次紅包，結果三度冥婚，連同在生髮妻，總共有一人三鬼四個妻子。陳平娶陽妻在先，是為大婆，她對於丈夫冥婚並不介意，只是每逢過年過節都要招呼大堆冥婚而來的親戚，大感吃不消。

送肉粽

我在台灣家住北海岸，北海岸其中一種土產就是肉粽，有一家經常大排長龍，端午時更加誇張，馬路邊堆滿汽車，都是來買肉粽的，甚至從其他縣市遠道而來。台灣的肉粽款式很多，又有分北部南部、鹹甜之別等，雖然與吃慣的港式粽不太一樣，但一樣美味，我偶爾也會買些來吃。

有一次，我買了一堆粽子回來，打算送一些給朋友，立即被台灣朋友喝止，說這不吉利，勸我萬萬不可。因為「送肉粽」這三個字在台灣並不如字面上的意思，尤其在彰化縣。

原來在彰化縣海線鄉鎮流傳一種送煞的習俗。所謂「送煞」，就是送走死者，而「送肉粽」就是送走上吊而死者，因忌諱提起屍體，將其稱為肉粽。當地若發生上吊自殺事件，就會舉行名為「送肉粽」的儀式，據說就能避免同類事件不斷發生。

儀式一般由當地的廟宇負責舉辦，於晚上九點至十一點舉行。舉辦前會先訂好路線，沿路貼上符咒，再由法師或乩童所演的鬼王鍾馗領首帶路，稱之為「跳鍾馗」。

扮演鍾馗的法師會親自解開上吊用的繩索，在搬運過程中，凡死者接觸過的物件都要一併帶走，沿途隊伍會邊走邊放鞭炮，同時往海邊進發。隊伍後方則有人拿著掃把剷子等進行清掃，有掃除不潔之事的意思。隊伍到達海邊後則要將先前取下的物品全部燒成灰燼，方算完成。

參與者亦有規則需要遵守，例如不得配戴頸鍊，途中不得叫喚姓名、回家前不得回頭、完成儀式時要先到寺廟才能回家等。

有興趣的朋友只要在Youtube搜尋「送肉粽」，就可以看到整個儀式如何舉行，我看過亦覺得頗有趣。

送肉粽

除了遊行隊伍有規則要遵守，原來路人亦有規矩需要留意。若遠遠見到送肉粽的隊伍，必須馬上轉身面壁，口唸佛號待隊伍經過，這就相安無事。若趕不及反應過來，或者相遇時距離太近，則必須加入隊伍，走畢全程。

看到這裡，可能你會有個疑問，這不是一般習俗而已嗎？到底與都市傳說有什麼關係？

傳說，曾經有人駕車與送肉粽的隊伍相遇，司機偏不信邪，不單沒有禮讓，還做了些不敬行為，強行穿過隊伍駛去。結果，翌日被人發現在家中自縊而亡。

在面書群組《靈異公社》裡又有人分享個案，說家中孩子曾偷看送肉粽儀式，事後竟於夢中不斷見到自己學習綁繩上吊，在現實中更繼而實踐，幸好家人發現得早，及時救回。事後問少年何以自殺，他竟說不知，只是聽到虛空中有道聲音跟他說：「時候到，到你囉。」

在二零零九年的九月至十月，在彰化一處叫和美的地方，於短短一個月內就有九人上吊而亡，數量之多，駭人聽聞。當中有兩個個案，十分詭異。

一名三十二歲的婦人在家中向窗外窺看送肉粽儀式，丈夫有見及此，認為不吉利，於是阻止，兩人因此發生齟齬。丈夫睡後，婦人一時想不開，竟在家中上吊自殺，丈夫悔疚不已。

一名十九歲青年，和朋友相約打籃球，一直表現正常，並無不妥。運動過後，聲稱需要休息，朋友先行離去，隔天被發現在籃球架上吊自殺身亡。

等一等，婦人總算有偷看送肉粽，犯了煞，但青年只是打籃球，卻為什麼會無端被牽連啊？於是乎，當地人又提出一種說法，說與區內一尊織女像有關。說織女像身上的帶子恰似繩索，令人聯想到上吊，大為不吉，亦算犯煞，而且破壞風水，建議拆除。當時鎮長認為是無稽之談，力保不拆，但卸任後織女像最終還是被拆掉，只因居民是真的相信有關係啦！

正因為該區居民都信有其事，或者是寧可信其有，不可信其無吧！每逢有送肉粽的儀式要舉行，主辦者都會預先公告，鄰近的學校和補習班都會提早下課，夜校停課，甚至連公司都會讓員工提早下班，商戶提早打烊，住戶緊閉門窗，足不出戶，整個小鎮儼如死城，就似2022年頭的香港一樣。

到底送肉粽是否真的這麼邪門，難說得準。我不會否定，但我沒有很怕就是了。畢竟以前從事救護十年光景，見過吊頸而死的人也不在少數，不單只我，我的同仁亦然，說犯煞的話理應犯了不少，怕都怕不來。

我並非否定所謂「煞」的概念，相反，我是同意有「煞」的存在，只是不認為煞的影響力有那麼跨張。風水學裡的煞，分好幾種，是一種複雜的概念，非我專長就不在此詳述了。我相信煞氣是真的會對人有所影響，例如風水學上屋裡廁所的位置可能會影響居者健康，微細至廁所是否開門都有影響，因為所謂氣煞與空氣流動有關，廁所的穢氣在屋裡流動的話，可影響居者健康，這並非全無道理，沙士時中招的人有很多就是在廁所中招。

又例如住在一些高壓電力站附近的人，亦同樣犯了看不見的氣煞，與電磁波和幅射等有關，除了身體健康，甚至會影響情緒，如此種種並非迷信，而是有科學數據支持。

所以說，我相信「煞」的確存在，就如人體內的「氣」，自古以來就有記述，不過很難用現今科學去解釋。

但我認為單憑煞氣就能讓人陸續自殺則有點誇張，這已經直接跳進了靈異的部分，同樣地我並不否定。

例如文首提到有一學生本來並無不妥，卻經常聽到虛空中有聲音叫他去死之類，我也有過類似經驗，這事與靈異有關，我也有收錄在之前的作品中，所以我相信。當然，科學和醫學角度，可以解釋為精神病的徵狀，是患者出現了幻聽。

至於連串的上吊事件，我也認為不一定就與煞和靈異事件有關。因為情緒本來就是一件傳染性很高的事，例如你明明沒有什麼值得開心的事，但你忽然見到眼前有人在笑，你很有可能會被感染，無緣無故跟著一同笑起來。同樣地，憤怒、哀傷、抑鬱等情緒亦會傳播，而且不限於我剛才提到的眼見到別人展露出情緒，也可以從其他渠道感染到，例如新聞報導。香港亦曾經出現過一浪學生自殺潮，幾乎每個星期都有學生跳樓，持續了一段時間，我認為亦是類似狀況。不單止香港和台灣出現過類似情況，外國亦然，有一段時間，外國傳媒甚至不可以頻繁地報導有關自殺的消息，正正是怕這種絕望的氛圍會擴散開去。

說到底，與其說「送肉粽」是都市傳說，不如說是民間習俗，若然舉行了能讓附近的居民心安理得，也並非壞事。

卡多里遊樂園

遊樂園，一個經常會傳出靈異故事的地方，世界各地都總會有一個猛鬼遊樂園。有些是為了噱頭，吸引不怕死的遊客；有些則是因為發生過意外，之後傳出連篇鬼話。

在台灣最出名的猛鬼遊樂園，大概非已經荒廢的卡多里遊樂園莫屬。傳說，建在台中大坑的卡多里遊樂園開業之後，遊人不絕，除了設有當時新型的機動遊戲外，還可看到大坑山上的自然景觀，園內還有個小型動物園，一切都深受遊客喜愛，是個旅遊熱點。然而，在一九九四年，樂園開業十一年的時候，卻在無預警的情況下突然倒閉。

據悉，這是因為在一九九零年，園內發生了一宗嚴重意外，雲霄飛車運行期間，路軌突然斷裂，雲霄飛車真的飛了起來，從高空墮下，摔到地面，共六十多人喪命。此後樂園經常傳出鬼故事，被稱為「猛鬼樂園」，遊人怕怕，生意一落千丈，無奈只能關門大吉。

可怕的靈異故事並沒有因為樂園關閉而停止，反而像雨後春筍般出現，這也不難理解，有什麼比一個荒廢了的猛鬼樂園更恐怖呢？卡多里遊樂園關閉之後，順理成章成為了靈探熱點，鬼故浪接浪。

聞說有一班學生趁夜入內探險，卻無端遇到鬼打牆，好不容易逃出樂園，卻發現少了一個同伴。翌日在園內尋回，已是一具冷冰冰的屍首了。又有人說無人的樂園內會傳出孩子的嬉鬧聲，說是小鬼愛窩在樂園裡玩；又有說走近雲霄飛車處時會聽到呼救聲，說是當日橫死的地縛靈云云。

讀者可能又會問，一天到晚那麼多人意外死，難道通通都變地縛靈嗎？這沒道理啊！奇就奇在，有傳言這雲霄飛車斷軌事件根本不是一件意外，而是與「紅衣小女孩」有關，說是因為卡多里遊樂園是開山而起，當日動土時就驚動到住在山上的紅衣小女孩，或說魔神仔，因而受到詛咒，傳得沸沸揚揚。

講到卡多里遊樂園的故事真的一匹布般長，每一個提起卡多里遊樂園的人都深信那裡發生過一宗雲霄飛車斷軌慘劇，然而，現實裡慘劇根本從未發生過。

對，不用懷疑，你沒看錯，慘劇從未發生過。

為什麼一宗未發生過的慘劇會被說得言之鑿鑿，彷彿要載入史冊？

首先，為什麼會傳出斷軌的謠言呢？

這與雲霄飛車的設計有關。該車用了當時較罕見的先進技術設計，是當時除日本外第二座類似的雲霄飛車，雲霄飛車正面往上爬坡，去到盡處卻會忽然停下，乘客會有種面臨懸崖的緊張和恐懼感，這時雲霄飛車會往後高速滑行，沿路軌三百六十度轉圈。換言之，它的設計原本就是這樣，並非軌道從中斷開。

現在我們經常可以於網上以第一身角度去體會世界各地不同的雲霄飛車之旅，但當時很多人根本未有試坐過，又不懂當時的新設計，單憑外觀判斷，就說路軌斷開，久而久之就有奇怪的傳聞了。

若然真有如此嚴重的事故，相信當年一定會引來傳媒鋪天蓋地的報導吧？但只要你上網搜尋一下，根本完全搜尋不到有關意外的報導，只能找到一大堆有關的鬼故事。

會是有關當局隱瞞事件嗎？

其實整個故事，存在頗多漏洞，例如當中提到失事死亡人數為六十多人，但該款雲霄飛車卻只能容納最多三十人，六十多人的話要出事兩次再壓死一些人才湊夠數。

傳說傳了那麼久，從來沒有受害者家屬現身說法，亦從沒有搜救人員和醫護人員對該宗意外有印象。

相反，二零零七年的時候，關閉多年的卡多里遊樂園即將被拆，有見及此，有人在互聯網上建設了一個名為「卡多里紀念網」，結果卻清一色引來一大班真有去過該樂園的網友留言懷念，甚至貼上以前到該樂園遊玩的開心照片，訴說他們很喜歡卡多里遊樂園，當中竟無人留下任何恐怖或悲傷的回憶。

當然，縱使卡多里遊樂園從未發生意外，也不見得當中的所有靈異故事都是假的，尤其在它荒廢之後，會聚集孤魂野鬼，也不出奇。

其實，類似的都市傳說在香港也有，你有聽說過於晚上乘搭海洋公園的纜車時，望向其他運行中的纜車，會見到一輛不存在的纜車，上面坐了渾身浴血的一家四口，正向你揮手招呼嗎？曾幾何時，海洋公園曾發生意外，一輛纜車脫軌掉到山下，一家四口魂斷樂園，從此化作厲鬼，連同幽靈纜車，在海洋公園徘徊不去。

不管海洋公園如何澄清那只是謠言，現實根本從未發生過纜車脫軌墮山的慘劇，於舊報紙亦從未找到有關報導，但一切都已經回不去了，人們還是選擇信有其事。

若說同樣有關過山車的都市傳說，則非西九龍中心的天龍過山車莫屬。過山車停駛十數載，有傳是與鬧鬼有關，更有網民言之鑿鑿，說過山車曾經出過意外，死者冤魂不息，留了在西九龍中心云云。

同樣地，找遍所有報紙，都沒有一宗這樣的報導，但說的人繼續繪聲繪影，反問你若不是曾掉過人下去，為什麼底下會加個網啊？聽著聽著，其實似是而非，本末倒置。

香港不過彈丸之地，都至少有兩個類同的都市傳說，幾乎全世界都有這類都市傳說，到底哪些是真？哪些是假？信不信就由你了。

Check this out：

若斷軌慘劇是假，為什麼卡多里遊樂園會忽然倒閉呢？

八、九十年代，是台灣經濟起飛的時代，台灣人開始富裕起來，所謂飽暖思淫慾，吃好住好就開始想找些娛樂，台灣各處都開始大興土木，建設大型遊樂場，競爭激烈，人們又總愛貪新忘舊，有新樂園落成就都跑過去，加上卡多里遊樂園處於山中，交通不便，久而久之遊客漸少，終於無法再經營下去，唯有關門大吉。

還有什麼與遊樂場有關的都市傳說嗎？

有的，六福村遊樂場裡有一名為「大怒神」的機動遊戲（即港人俗稱的「跳樓機」），傳說有一名女子在玩該機動遊戲時因為沒有將長髮綁好，結果頭髮被捲進急速移動的機器裡，最終將女子的頭髮連頭皮一併扯下，血流披面，慘死當場。流言傳出後很多人都紛紛表示不敢玩該款機動遊戲。

事後六福村曾經澄清絕無此事，而且除非玩者的頭髮長達兩米以上才有可能被捲進機器裡，該傳言實屬無稽之談。

遊樂場裡發生意外並不罕見，尤其是各式機動遊戲都有一定危險性，縱使隨時代進步人們對安全意識提高不少，而且在裝置設計上亦多作安全考量，但所謂意外就是意料之外，有時還是難以避免的。

早前在香港海洋公園哈佬喂就發生了遊人誤廠禁區被機器撞死事件，記憶猶新。

話雖如此，我對這大怒神傳說卻一笑置之，原因很簡單，於這傳說出現前幾年，一早就在外國流傳一個發生在美國俄亥俄州的英文版本故事，故事如出一轍，只是將之譯成中文，再將地方換成台灣的六福村而已。就算發生在俄亥俄的故事是真，這大怒神傳說卻必然是假。

其實類近個案，要數最早的並非美國版本，而是香港版本，傳說中的辮子姑娘不正是跳出火車時辮子被卡住而導致頭皮臉皮被扯落而慘死嗎？

諸如此類的故事並不罕見，甚至可以說經常聽到，例如坐過山車時興奮舉手，結果手臂撞得飛脫，被後一卡的人接個正著。玩卡丁車時配戴長頸巾被捲進引擎勒死等等。

我不排除在芸芸故事中真有發生過一些意外，但有更多更多的都是以訛傳訛，或許志在提醒玩家，小心駛得萬年船吧！

雲霄飛車斷軌是假，大怒神意外又是假，難道在遊樂園裡邊就沒發生過慘劇嗎？

當然有。

六福村裡頭的大怒神雖然沒有扯掉長髮女的臉皮，但它的另一款機動遊戲「飛天魔氈」卻收買過一命。一九九九年二月，當時六福村即將要推出最新的機動遊戲「飛天魔氈」，當時仍在測試階段，一名剛上班第二天的工讀生不識新遊戲的危險，誤闖禁區，被高速移動的飛天魔氈擊中，當場斃命。

另外，六福村的野生動物園區亦曾出過意外，有一遊覽車行經觀虎區途中拋錨，一名女士不知所措下竟然帶著三歲女兒落車，打算徒步前往另一車輛，結果愛女被老虎叼走，最後慘遭咬死。

所以，要說六福村裡有冤魂不奇，但絕對跟大怒神無關。

蘭潭水庫

在台灣中南部的嘉義，有一個全台人都知道的水庫，叫作蘭潭水庫。最初，蘭潭水庫是以風光如畫，潭寬水清、風景優美而聞名，入夜之後，潭面如鏡，映照明月，更得到「蘭潭泛月」之美名，是到嘉義遊玩的旅客必到景點之一。

後來，讓蘭潭水庫聲名更響的卻不是什麼好事，而是一連串的慘劇，這個「一連串」比先前篇章提到的傳說都要誇張。根據統計，由一九八二年到二零二零年，死於蘭潭的人超過一百一十餘人。當地人有句俗語叫「蘭潭沒加蓋」，意思就是叫你跳潭死去。而除了墮潭溺斃之外，更至少發生過三次自焚事件。而光在二零一九年，就有十二人葬身水庫，即平均每個月都要死個人，你說邪不邪門？

你可能會覺得，水庫溺死人也沒什麼好奇怪啊！每年夏天，香港的水塘也不時傳出有人遇溺的報導，近年政府勸導多了，才逐漸減少。

但蘭潭水庫能成為台灣人心中的都市傳說，當然有它的弔詭之處。

二零一九年九月十日，晚上九時許，一名經過蘭潭水庫的市民，發現潭面上竟有一具浮屍，馬上報警。警察接報派人把屍體撈起，確認是一名十七歲姓洪的少女，而在潭邊的防波堤上則停泊著一輛電單車。經警方調查後，電單車並非少女所有，而是屬於一名姓黃的二十二歲男子。警方立即把男子列為兇嫌，開始追查男子的下落。未料，翌日清晨，男子的遺體亦浮出湖面，看來似是一宗雙屍命案，耐人尋味。

警方深入調查後，發現兩名男女是情侶關係，最初懷疑是殉情自殺，但在與兩名死者的家人和朋友訪談期間，發現兩人才剛開始三個月，仍然在熱戀期，雙方相處甜蜜融洽，並無吵架不和。兩人最近亦沒遇上什麼麻煩，生活如常，並無煩惱，沒有任何人覺得他們有自尋短見的可能。

你可能都會聽過，原本甜甜蜜蜜的情侶，隨時會因為一點小事突然吵架，感情破裂，繼而動了殺機。香港就出了這樣的一個人，和女友去台灣旅行，原本應該是甜蜜之旅，最後卻以殺人告終，還潛逃回港，引起了軒然大波。

台灣警方繼續追查這宗蘭潭水庫雙屍案，最終給警方調出了監視器的片段，發現兩人臨終前把機車停在水庫旁的防波堤後，兩人坐在防波堤上談心，期間更甚至拿出手機，兩人伸手比心自拍，一切都如正常的甜蜜情侶一般，並無不妥。未幾，男子卻突然起身走向堤下，過了一會，少女也跟著走到堤下，兩人離開監視器的鏡頭後，就失去了蹤影，最終變成了浮屍。

到底他們發現了堤下有什麼東西，因而起身走過去呢？如果只是失足墮潭，又會剛巧兩人一起墮進去嗎？如果是一人先掉進去，為什麼另一人不找人幫忙救援，又或不打電話報警呢？當中，委實有太多解釋不到的事情……

警方最終只能以意外致死將案件作結，但奇怪的事並無因而停止，就在一個星期之後，有一名男子夜裡問鄰居借了電單車，長驅直進到蘭潭水庫，到達後致電借車給他的鄰居，說了四字：「我在蘭潭。」，然後掛線。

鄰居感到奇怪，心下不安，就驅車去找，結果來到蘭潭，果真見到男子站在潭邊，正怕他危險，想要叫住他，男子卻「霍」的一聲躍進潭中。鄰居馬上報警，但一切都已經太遲，把男子撈起時已返魂乏術，一命嗚呼。

不過幾天時間，兩宗案件，三條人命，你說邪不邪門？而這些卻不是孤例，正如剛才提到，這三十多年來，已經有過百人命喪於此，到底蘭潭水庫出了什麼事？

原來蘭潭水庫除了是遊客觀光勝地外，亦是釣客熱點，皆因蘭潭水土肥沃，孕育不少大魚，故深受釣魚發燒友歡迎，曾有報導說有釣客在蘭潭釣起五十多公斤的巨型烏鰡，成為一時佳話。有傳正因為他釣起大魚，才會有人死亡。

相傳蘭潭裡頭住了一頭鯉魚精，牠廣收大魚為其部下，若有人斗膽把牠的手下釣走，牠就會抓一個人進潭裡去作交替。這個傳說，說實在話，我聽完真覺得有點搞笑，但很多台灣人卻深信不疑，還有人以航拍機拍到疑似鯉魚精的真身，一條全身泛著金光的巨魚在潭中暢泳。

不知怎的，筆者立馬想起尼斯湖水怪。不過，這所謂鯉魚精的照片算是比較清楚，但頂多只是條大魚，要說成精怪卻有點勉強，有網民以圖中其它事物作對比，換算出該魚約有一點五米長，並不致於大得會食人那麼誇張。而且，台灣的鯉魚精傳說有超多，例如位於台北的劍潭，相傳就住了條鯉魚精，最後由國姓爺，亦即鄭成功以寶劍擊殺，最後將劍沉於潭底，以作鎮壓，因而命名為劍潭。但這個傳說亦有錯漏之處，因為當年鄭成功登島，只到過中南部，從未到過北部，他又哪有可能仗劍擊殺位於台北的鯉魚精呢？

總而言之，凡水潭死過人的，一律被認為有魚精在裡頭，跟香港處處水中都有鬼搣腳的傳說如出一轍。

我是相信世界上有精怪的人，卻不認為精怪都會隨便害人，若果每被釣一條魚就要害一條人命，人類絕種很多年了。

有人試圖以科學去解釋，認為蘭潭水庫經常出意外有幾個原因。

第一，正如剛才提到，蘭潭水庫是釣魚熱點，但水庫與一般的水潭不同。一般水潭，由水淺處往潭中心的坡度會較平緩，但水庫因有人工修整的部份，不但起落波幅較大，有些位置甚至陡峭如崖，釣客涉水釣魚時，一不小心可能會整個人掉進潭中，又因斜坡陡峭未能重回岸上，因而遇溺。

第二，由於蘭潭意外多了，周邊多了巡邏警力，禁止於水庫範圍垂釣。於是有許多釣客於夜間撐著簡陋的膠筏偷釣，倒讓意外更多。

第三，為什麼那麼多台灣人選擇到蘭潭水庫輕生呢？這與一名為「自殺熱點效應」（hotspot effect）有關。對於現代人來說，在公共場所自殺這種行為已經成為趨勢，以香港為例，很可能為怕影響樓價，就選擇在外面自殺。而一旦有了這樣的先例，選擇同樣方式和地點自殺的人就會越來越多。例如日本有名的自殺森林，當中亦不只限定同一地方，以香港為例，不時會有人跳軌自殺，熱點是鐵路，而非指定的某站或月台。後來，港鐵為了避免有人跳軌自殺，逐步加裝地鐵幕門，就變得好似自殺者都集中在某幾個站和月台，原因是因為該些月台未加設幕門而已。

所以，是否便於自殺也成為一個地方能否成為自殺熱點的因素，例如外國的一些大橋，任何民眾走到上面一躍而下便了，久而久之就成了自殺熱點。台灣的蘭潭水庫亦有類似特質，文首提到「蘭潭沒加蓋」，要跳潭自殺可謂毫無門檻。雖說警方有加強巡查，但蘭潭水庫十分寬廣，要避人耳目也不困難。

這不一定就能解釋在蘭潭水庫發生的所有怪事，但比起單單說裡頭有隻魚精，甚至有傳與先前提到的人面魚有關，我就覺得過於穿鑿附會了。

Check this out：魚精傳說的開端

一九八五年的《民生報》有一篇報道提到有釣客於蘭潭釣到逾五十公斤的巨大烏鰡之新聞，由於實屬罕見，撰寫的記者明知是魚，卻用誇飾法以「魚精」來形容。其實這並不難理解，我小時候，家附近有棵大榕樹，聽講已有上百樹齡，家人也會形容它是樹精，並不是因為發生過什麼怪事，只是單純因一句話「老樹成精」。報道出了之後，魚精傳說不脛而走，後來以訛傳訛下還由烏鰡變成鯉魚，一直傳播開去。

日軍寶藏

寶藏傳說，同樣是世界性的都市傳說，或許與每個人都有希望找到寶藏，一夜致富的夢想有關吧！

於先前的篇章提到，香港人及台灣人都同樣對日據刑場存有恐懼，卻沒有對日軍寶藏存有幻想，可能對香港人而言，提起日軍都盡是些悲慘的回憶。

但這不代表香港人沒有對寶藏的憧憬，古有張保仔洞，今有六合彩，不過筆者撰稿之時，因應疫情關係，香港連投注站都關起大門，連香港人的橫財夢都剝奪，嗚呼哀哉。

在台灣有著這樣的一個傳說，二次大戰期間，日軍在入侵東南亞各國時，搜刮了大批金銀財寶、民脂民膏。日本戰敗後，無條件投降，在外日軍希望藉這些財寶復國，卻苦無辦法運走，於是藏在當時被「跳島戰略」跳過了的台灣，以後再伺機尋回。

這傳說在日軍撤離後就廣泛流傳，甚至掀起一波尋寶熱潮，更為此投入大量資源，人力物力，幾乎將想得到的地方都翻個底朝天。結果，於一九五五年，政府鑑於挖寶亂像制定了新法例，名為《台灣省發掘打撈日人埋沉物資辦法》，規定尋寶必須事先申請，經批准才可進行，而且挖到的寶物六成歸政府，四成歸申請挖寶者。

縱使如此，當年的尋寶熱一直不退，各地爭相挖寶，以五、六十年代尤其盛行，直至千禧才開始式微。

台灣雖有寶島之稱，總不致於遍地黃金，俯拾皆是。那麼尋寶者是基於什麼蛛絲馬跡來決定挖寶地點呢？

當中被盛傳最有機會是日軍寶藏埋藏地點的，是位於台中的頭汴坑，自一九四六年起的二十年間，前後共有五隊尋寶人士在該處挖掘。他們之所以選定該處，絕非無的放矢。

一位名為吳靜儉的高雄人指，其日本人母親透露，日軍從菲律賓搶了七箱重甸甸的黃金，本想運回日本作戰爭用的資金。後因戰事失利，無法運送，被當時負責管理機場的隊長小野永秘密埋起，而從其口中得知，正在頭汴坑一帶。

吳靜儉因而深信頭汴坑埋藏了日軍寶藏，先後四次申請挖掘，更曾經發現小野永以特殊方法製成的藏寶圖，滿意為成功在望，最後卻一無所獲。

吳靜儉的失敗，並不意味頭汴坑的日軍寶藏傳說就是假。另一則傳說，來自日本大尉遺孀芳口正子之口。據她所說，其丈夫正正是藏寶的負責人之一，當時為了藏寶特意挑選了幾十個死囚，負責搬運和挖掘，完成後就地處決，這樣一來就神不知鬼不覺了。事後沒過幾天，其丈夫忽然得了急病，而且一病不起，想起自己殘殺死囚一事，未知是否有關，但終究向妻子坦白了一切，留下有關財寶的遺言。

結果，台人張瑞麟聯同日人仲元虎齊先後兩度申請挖寶，可惜最後都空手而回。

剛才提到，全台也有尋寶點，除最出名的頭汴坑外，就要數南投的姑姑山。與頭汴坑不同的是線索亦非來自日本人口中，而是來自原住民的證供。原住民溫明德稱在二次大戰臨近結束前，曾被派往一山洞搬運一批二十公分長、十五公分闊、十公分高的箱子，然而箱子雖小卻重甸甸的，每個約有五十斤重，單用手搬不來，要揹到背上才扛得動。而在長達七天的搬運過程中，一直被日軍嚴密監視，看來箱中的東西十分貴重。果不期然，有一次他窺見一名日軍少校從箱中拿出一條金條，然後埋到地下，再以金屬探測器嘗試會否測得出來。

因著溫德明的證言，在南投姑姑山旋即牽起一波尋金熱。經過幾次挖掘，終於找到一個類近溫德明所提到那人工開採的山洞，還挖出了一大批軍火、鎗炮刀劍什麼都有，就是沒有金條，尋金行動最後以失敗告終。

挖到軍火都總比挖到空氣來得好，於台東鯉魚山的一隊挖寶團隊，雖然沒有發現寶藏，但挖到的日軍軍火能賣一點錢，一夜致富是沒可能的了，但總算沒有白蝕人工。

至於在高雄壽山的挖寶者，則根據他一位曾在日軍服役的朋友洪木龍口中得知有關藏寶線索，結果雖然沒有挖到黃金，卻挖出大批軍火和物資，由於數量龐大，經專家估計共值四百多萬，於一九六四年時算是一筆橫財了，說是真的挖到寶也不為過。

縱使傳說藏有日軍寶藏的地方多達四十五處以上，但除了以上提到的兩宗軍火發現之外，就再沒有尋寶者挖到什麼寶，連半條金條也沒有。

這代表在寶島的土地裡，真的沒有埋藏著日軍寶藏嗎？

筆者認為，倒也未必。

先前提到，由於戰後挖寶熱潮席捲全台，迫得政府不得不立例監管，規定挖到的寶藏政府佔六成，挖寶者佔四成。後來更有傳政府想改成九一之比，這樣一來就衍生了偷偷挖寶者，就算真有挖到也不敢昭告天下，亦有研究指出，一開始所謂的「寶」就是指武器和相關物資，由於當時戰況激烈，日軍有任何軍事調動都秘而不宣，徵集人力搬運時往往未有明言所搬物件和用途是什麼，於是就會出現一些像原住民溫德明般認為搬運過程監督嚴密，誤以為所搬的是什麼財寶。至於溫德明見到的黃金條，亦可能是誤會，因為日軍戰時曾因物資短缺而頒布「金屬回收令」，更曾經發出「銅像徵召」，意即連銅像也要回收重鑄成軍用物資，溫德明所見的或許是黃銅而非黃金也說不定。

儘管如此，我並不否定寶島仍藏有寶藏的可能性，日軍寶藏，或許會在某年某月某日重見天日也說不一定。

Check this out：寶藏線索的真偽

有關日軍寶藏的地點多達幾十個，線索到底哪裡來呢？先前提到最出名的尋寶熱點頭汴坑，其線索提供者吳靜儉結果被查出是詐騙積犯，其口中與埋寶相關的人士都是編出來的化名，連後來被發現的藏寶圖都是偽造的，至於他從中如何獲利、獲利多少，就不得而知了。

鳥頭人

鳥頭人傳說在台灣不算熱門的都市傳說，而是自二零一六年才開始有人談論的話題，我之所以會留意到，是因為鳥頭人有幾個別稱，其中一個是「雞人」，而香港亦有一個所謂「雞人」的傳說，因而吸引到我的視線。

所謂的「鳥頭人」其實是一件雕塑，放在台北車站的地下街作藝術品展覽。這雕塑身體比例跟人差不多，但頭部出奇地大，像戴著一個帶點卡通化的巨大鳥首，有人說鳥首模樣滑稽，又有人說它帶點恐怖。它的右手拿著一支鉛筆，鳥首頭套內不斷湧出流水，然後流遍全身，傳說是像徵猶如泉湧的淚水。

作為一件藝術品，有一些奇特的設定，自有它的道理，就算有人認為它看上去帶點詭異，也不會簡單構成一個都市傳說，所以最初它放置了幾年，也並未有人談論它，直至……

二零一六年九月某夜，在台灣的K島論壇有人發出一篇名為「島民救我」的帖，發文者指自己於深夜被困台北車站地下街，詢問網友解決辦法。由於當事人有提供即時相片證實自己身處地下街，於是論壇議論紛紛，有的沒的提供大量意見，有些認真，有些戲謔，總言之吵得熱哄哄的，成為一時佳話。

發文者一直未有成功找到出路離開，例如試圖乘坐電梯卻因斷電未能成功，一些出口的捲閘亦未能手動推開，而他亦有一路上載照片更新狀況。

直至深夜兩點，發文者貼出一張地下街照片，前路漆黑一片，詢問網友是否應該繼續前行，網民意見不一。

未幾，發文者又再回應，卻是一連串沒人看懂，密碼般的數字。然後，就沒有然後了……

發文者再沒回音，也不見蹤影，有口痕友說不知道他是不是被地下街的「鳥頭人」雕像給吃了。這是頭一遭有人說起鳥頭人會於半夜動起來的事，及後越來越多人加入討論，繪形繪聲說也有見過，之後更加是加油添醋，甚至為鳥頭人擬定出夜間出沒地圖，說它最愛找落單的人下手，先用鉛筆插死，然後再換過頭套，奪取新的身體，不斷循環下去。還說因為鳥頭人的關係，附近的露宿者和遊民數目大減，地下街亦因此在夜裡要重門深鎖，不讓任何人進入等等。

有人認為這鳥頭人傳說的範式與日本都市傳說「如月車站」事件十分相似，一樣是上網發問，一樣是沿途跟進等，猜測是以如月車站的傳說為藍本杜撰出來。

我是相信有關如月車站的都市傳說的，但對台灣的鳥頭人傳說卻是一笑置之。畢竟整條地下街都是監視器，鳥頭人夜裡蹦蹦跳不會拍不到吧？而且發文者的狀況與如月車站事件的狀況不同，發文者有太多不合理的行動，不禁令人懷疑其真實性。

正如我的合理懷疑，很多網民亦提出質疑，所以這個傳說幾個月後就開始淡化，至今只會偶爾被提起，而該雕塑亦於二零二一年七月時被拆除並移走了。

有趣的是，網民對於鳥頭人的想像，有很多都被原設計者所否定，鳥頭人的造型其實並無特別意思，只是設計師為了表達強烈對比而設。網民們為鳥頭人想像的設定，例如手執鉛筆代表它想追求知識、頭套流出的是淚水等，原設計者都一再重申並無其事。

說完台灣，又轉回香港，原來香港曾幾何時都出過一個「雞人傳說」。傳說於三、四十年代，現已拆除的高陞戲院有一個秘而不宣的表演項目，叫做「雞人表演」。至於什麼是雞人呢？有兩種說法。

第一，雞人是雞和人的混種，簡單而言是一隻雞頭人身的怪物。

第二，雞人其實是一班身體殘缺，被人用人工手段截肢割舌，再打得皮開肉綻，強行插些雞毛上去扮演的，十分殘忍。

無論是一還是二，都是極盡醜惡之能事，就我個人而言真不知道有什麼好看。但不能否認，所謂的「畸型秀（Freak show）」一向有捧場客，當中出名者有「象人」約瑟夫．梅里克 Joseph Carey Merrick，當時他在雜技團表演，宣傳時就稱他一半是象一半是人。當時西方醫學尚未發展成熟，並未理解象人並非什麼半人半象的怪物，而是很有可能是得了神經纖維瘤病變，因而引致身體畸形發展的病人，或許雞人的狀況也是如此。

有傳雞人沒有四肢，當時的人或許會嘖嘖稱奇，但現代人或許並不感到驚訝，因為我們至少認識兩位這樣的人。一位到處開講座分享就算沒有四肢一樣可以滑浪的正向人生，他的名字叫 Nick Vujicic；另一位則比 Nick 更「正面」，同樣有開講座和出書，但令他更為人熟知是因為他就算沒有手腳依然有很多風流帳的乙武洋匡。如今，已再不會有人認為他們是畸型，甚至是怪物了。而現今的科學知識亦讓我們知道，雞和人是沒有可能混種在一起的。

至於殘害小童作表演，我雖不想承認，但的確有此可能，畢竟類似的事如今仍然存在，只是現今他們大多淪為乞丐，被操縱行乞賺錢。無論是作表演或行乞，都一樣慘無人道，令人髮指齒冷。

三、四十年代的事，為什麼會成為都市傳說流傳下來呢？最主要是因為知名女作家深雪曾以雞人為題寫了一篇短篇小說，後被廣為傳頌。及後訪問深雪，她卻透露故事純屬虛構。

到底鳥頭人和雞人傳說孰真孰假，就由讀者自行判斷了。

Check this out：人類對禽鳥的恐懼

若問你，現代人對禽鳥最大的恐懼是什麼，可能你會說是禽流感。人們不知何時開始對病毒抱持極端的恐懼，在執筆時二零二二年的一刻，感受至深。當日禽流感犯港，直接令香港再無活雞可買，撲殺雞隻的場面如今歷歷在目。

但人類對禽鳥的恐懼並不限於其身上的病毒，也來自禽鳥的本身，不說可能你不知，這世上有一種心理疾病，叫做「恐鳥症(Ornithophobia)」，泛指對禽鳥有特殊和不合理的恐懼。

有罹患此症的病人表示：「一般人眼中的小鳥，就不過是小鳥。但他眼中的小鳥，卻儼如上古的巨鳥、是會食龍的迦樓羅、是其翼如雲的大鵬鳥。」一語寄之，就是恐怖。

不要以為這是很罕見的疾病，就我個人而言，就認識兩位朋友有恐鳥症。輕症者不能靠近任何禽鳥，重症者不單不能靠近，而且不能直視，甚至不限於活生生的鳥，就連煮熟了的也不行，所以跟他吃飯，桌上不能有炸子雞一類的食物，要不他一定立即離座。

日本驚悚漫畫大師楳圖一雄或許深諳禽鳥可怕之處，其作品《14歲》就是以雞人為核心發展，當中不乏雞頭人身的駭人構圖，令人印象深刻。

【第三章　凶】

基隆鬼屋

為寫新小說而搜集資料時看到有關香港的四大鬼屋傳說，以高街鬼屋為首，然後達德學校、南固臺和先前提過的摩星嶺白屋。類似的排行時有爭拗，就如中國四大美人一樣，各有捧場客。

台灣也有民選四大鬼屋，排名不分先後包括有基隆鬼屋、嘉義民雄鬼屋、台中烏日鬼屋和台南杏林醫院。

先說一下基隆鬼屋，因為大部份先前提到的傳說之境我均未有機會親身去過，但這基隆鬼屋我卻曾經路過。所謂「不識廬山真面目，只緣身在此山中」，幾年前我就在鬼屋樓下經過，倒看不見、也感受不到有什麼恐怖之處，雖然那天下著雨，但可能因為還在白天，沒有鬼影幢幢，亦沒有鬼聲啾啾。

筆者沒有感應，不代表猛鬼傳言就是假的，但傳說到底是如何開始的呢？所謂基隆鬼屋到底是什麼地方，屋主又是哪一個？

基隆鬼屋，有個別稱，叫做「林開郡洋樓」，顧名思義，就是屬於林開郡先生的洋樓。林開郡是何許人也？他是日治時期的一名煤礦大亨。話說於二十世紀初，基隆擁有豐富礦產，尤以煤礦稱善，加上擁有水深而闊的港口，發展十分蓬勃。林開郡就是以煤礦生意發跡，富甲一方。而林開郡洋樓就是他斥巨資進口上好建材，找風水師擇好位於港口前方，同時臨近大馬路的良地興建一棟在當時來說氣派十足的洋樓。洋樓不單對正基隆港，亦臨近基隆車站，加上當時附近未有高樓大廈，都是以平房為主，簡單來說只要來到基隆就必定會見到這棟顯赫觸目的洋樓。

洋樓最初是租了給一名有名的畫家，但他只租用三年就離開了。隨後，林家的後人亦陸續往外發展，於是就把洋樓閒置下來，疏於打理。直至二戰結束，日軍敗走，國民政府來台，美國進駐基隆港協防時才被再次使用。由於美軍軍艦經常停泊於基隆港，美國水兵休假時就會上岸消遣。有見及此，有人就向林開郡租了洋樓，用來經營一間酒吧，叫作美琪酒吧，專做美國水兵生意。

由於洋樓臨近基隆港，近水流台，美琪酒吧深受水兵歡迎，每晚入夜後就前往尋歡作樂、夜夜笙歌，不難想像。

燈紅酒綠的環境，最易讓人意亂情迷，據說有一位於美琪酒吧工作的酒女，叫做娜娜。娜娜戀上了一位來消遣的美國水兵，更懷了他的骨肉，滿以為屬於自己的春天要來了，希望美國水兵能帶她離開台灣，前往美國成家立室，展開新生活。可惜，神女有心，襄王無夢，原來一切都是娜娜一廂情願，美國水兵不過逢場作戲，不談感情，更遑論負責了。水兵不但斷言拒絕娜娜的要求，還出言奚落，極盡侮辱之能事。

娜娜傷心欲絕，因愛成恨，竟然想到要與水兵同歸於盡，於是在酒吧裡縱火，不單燒死了自己與負心漢，還牽連一眾在酒吧的無辜，造成了數十人死傷的慘劇。

自始，林開郡洋樓人去樓空，正式成為基隆鬼屋，有傳言只要過了晚上十二點，娜娜的鬼魂就會站在洋樓的二樓窗前，看著大街，對著路人微笑招手。但因為當地人都知道娜娜的事蹟，所以都只好視而不見。但某天有一名男子，路過此地，見到二樓的娜娜向他招手，不知就裡，竟然登門探個究竟，最終被娜娜燒得焦黑潰爛的臉嚇個半死。

又有傳，當日無辜被牽連的亡靈亦被困於洋樓內，遊人晚上經過洋樓附近時只要往二、三樓張望，不時會見到鬼影幢幢，還會傳出歌舞耍樂的聲音等。

除了因為靈異傳聞外，經歷火災之後，洋樓失修，根本無法租出，林氏後人有見及此，就打算斥資整修翻新，豈料就在動工的第一天，即有工人意外身亡，認真邪門。林氏後人怕是冤魂作祟，於是請來法師打齋作法，超渡亡魂。誰料到法會過後，再次動工時又出意外，其後就再沒人敢打洋樓主意，任其丟空，終成台灣四大鬼屋之一。

覺得怎樣呢？這故事有夠引人入勝吧？我在看有關基隆鬼屋的故事時，不禁想起《西貢小姐》這套劇目，同樣是美國兵始亂終棄的故事，這類故事總讓人看得投入，對嗎？

事實上，《西貢小姐》的故事是創作，娜娜火燒美琪酒吧的故事亦然。沒錯，都是假的，林開郡洋樓從來沒有發生火災，沒有一個叫娜娜的酒女在那縱火殺人，沒有死傷枕藉。至於有沒有美國水兵曾經傷害酒女，有沒有酒女痴心錯付，那就不得而知了。

空穴來風，定必有因，為什麼洋樓從未火燭，卻會有這樣的傳言呢？原來一切都是個誤會，「美琪」的確發生過火災，但並不是美琪酒吧，據當地人說應該是同在基隆的美琪照相館或美琪藥局才對，總而言之不是美琪酒吧。

有人會問，既然沒有發生火災，為什麼之後洋樓又一直丟空，洋樓的外觀又灰灰黑黑的呢？

剛才提到，林氏的後人其實仍然在世，只不過是往外發展，所以沒空打理這座洋樓罷了。加上林開郡離世時沒有清楚交代洋樓產權，其後人個個發展有成，也不志在這棟殘破不堪的洋樓，就任其荒廢不理，卻讓它成為名震寶島的鬼屋，實在始料不及。

民雄鬼屋

剛聽完有關基隆鬼屋故事的你，尤其知道火災根本從未發生之後，就覺得沒什麼恐怖吧？所以基隆鬼屋並非台灣四大鬼屋之首。

那麼，在云云台灣鬼屋之中，到底由哪間稱冠呢？

答案是位於嘉義縣的——民雄鬼屋。

在筆者執筆之時，有電影公司已落實拍攝有關民雄鬼屋的鬼故事，它的故事到底是怎樣的呢？

民雄鬼屋，位於嘉義縣的民雄鄉，建於1929年。當年仍然是日據時代，當地有三大望族，分別姓何、姓陳和姓劉。當中的何、陳兩家先後於該地蓋了豪華瑰麗的西式洋宅，有說劉家因為不甘後人，於是亦斥資興建比兩家更富麗堂皇的豪宅，名為「劉家古厝」，亦即後來的民雄鬼屋。

上網谷歌一下，就可以看到民雄鬼屋的全貌，說是西式建築，更像是中西合璧，以紅磚建造，三棟三層相連，牆身斑駁，附近長有很多盤根老樹，樹籐都攀到牆上，與牆壁連成一體。鬼屋還附有花園、涼亭、噴水池等，面積超過一千坪，荒廢多時。由於附近都種滿高樹，遮天閉日，人在屋內，自感到陰風陣陣，溫度驟降。

然而，本該豪華亮麗的大宅為什麼會人去樓空，還傳出鬼故呢？

傳說當年大宅的主人劉員外本有正室，卻又對宅中一名年青丫環有意，寵愛有加，望納為妾，使正室劉夫人非常不滿，心生妒恨。某日，劉夫人趁丈夫外出辦事，命下人綁起丫環，投入井中，讓其溺斃。丫環慘遭殺害，冤魂不息，從此徘徊宅中，不單纏住夫人，亦會恫嚇其他知道此事的人，劉氏一家上下為了避它，於是遷出。

另一種說法，是劉夫人經常虐待丫環，丫環因吃不消而投井自盡。但無論是哪個說法，丫環一樣化身成身穿白衣的女鬼，在屋內飄盪，又會於夜半站在別人床邊，十分恐怖。

劉氏遷出之後，這古厝本無人住，及後卻被兩次徵用。

聞說在日據時期，某日有一隊日軍路過此地，因天色已晚，就入內借住。晚上卻有士兵接二連三見鬼，嚇得失控開鎗，最後竟演變成互相掃射，傷亡慘重，牆上的彈孔遺留至今。

後來日軍走了，國軍來台，有一隊人馬剛巧駐紮在劉家古厝附近的興中國小。由於國小地方有限，住不下大批軍人，於是有部分軍官和士兵被編排到附近的劉家古厝入住。

豈料國軍入住未久，卻陸續傳出有士兵於夜裡見到古厝內有白影飄飛，鬼影幢幢，嚇得眾士兵難以入睡，徹夜未眠。後來消息傳到連長耳裡，某夜又有士兵報告看到窗外有白影經過，連長怕長此下去會影響軍心，雖然心底亦有幾分害怕，依然帶著幾個士兵去看個究竟。

由於一九四九年的台灣電力供應發展還未完備，民雄鄉夜裡並無電燈，幾人只靠星月之光，幾近摸黑而行，沒料到竟真的在牆角處見到一個白影，幾個士兵嚇得全身發抖，連長雖也忐忑不安，但作為連長不能退宿，但此時此刻該如何是好呢？要他行軍打仗還好，捉邪治鬼他可不懂，唯有死馬當活馬醫，連長竟然擎起手鎗，往白影亂轟，一為壯膽，二為嚇鬼，希望可以將鬼趕走。

沒料到子彈沒有打中女鬼，卻打中了一名士兵，原來他夜裡外出小便，當時因廁所有人，他又內急，所以在外面的牆角解手，沒料到卻會因此被亂鎗打死。這事看似荒謬，據知卻真有其事，不單牆角留有彈孔，而且這段故事亦收錄了在興中國小的校史裡。若說民雄鬼屋裡有不少冤魂的話，無辜小兵必然位列當中，只是半夜小個便，竟慘遭射殺，怨念之大，不可量計。

除了大宅之內鬼話連篇，據說屋外當年溺死丫環的水井，半夜經常會傳出女子哭聲，音色淒楚，聞者心寒。

到近年，民雄鬼屋猛鬼依舊，但人們開始由對它驚懼，變成抱有興趣，慕名而來靈探者眾，除了一些本地媒體和網紅外，亦有不少外國傳媒來拍攝。之前就有一隊日本攝製隊來拍特輯，攝影師聲稱見到有白影於窗邊窺視，亦有日本靈媒說屋內有白影飄飛等。

另外，亦曾有一隊泰國表演團訪台，表演前去民雄鬼屋探險，結果嚇得雞飛狗走，有些甚至是被抬出來的，有些人則表現失控，手舞足蹈。

之後，該團的表演卻空前成功，門票賣個滿堂紅，表演團認為是鬼屋裡的鬼魂相助，遂回去上香多謝云云。

諸如此類的故事，多得數也數不完，到底哪些是真，哪些是假呢？有記者就找到劉氏後人劉晏成現身說法，據他所說，什麼將丫環投井的傳說全部都是杜撰，根本從未發生過。劉氏之所以遷離亦與鬧鬼無關，只是因為劉家古厝地處偏遠，劉氏隨著往外發展後就沒再住在這裡，日久失修，繼而荒廢。

今時今日，劉氏後人已將古厝稍作整理，分割求售。整理後的劉家古厝雖未至於光潔如新，但總算鬼氣大減，再沒先前般陰森恐怖。當地政府現在都把它視作景點推廣，間中還會有表演活動，旁邊甚至有人開了一間「鬼屋咖啡」，有興趣的朋友不妨到訪走走。

烏日鬼屋

一般鬼屋給人的印象當然是荒廢日久、殘破凌亂、鬼聲啾啾等。但烏日鬼屋不單未有荒廢，而且是台灣四大鬼屋中唯一仍有人住的，那麼它到底恐怖在哪裡呢？

先說說烏日鬼屋的歷史。比起先前提到的基隆鬼屋和民雄鬼屋，烏日鬼屋的歷史沒有那麼久遠，大概建於四、五十年前，由當地一位姓曾的富商所興建。據聞興建途中，富商因事財困，但因不想半途而廢，遂向他當酒女的女友借錢周轉。酒女答應借出，富商卻久久未還，酒女先後追債，富商總是推托，只答應酒女落成後讓她入住。酒女誤以為富商的意思是讓她當女主人，豈料最終富商不但未有兌現承諾，還另結新歡，對酒女棄如敝履。酒女誤信負心漢，人財兩失，憤然在屋內上吊自殺。

看到這裡，你可能會認為，這不是一般的桃色糾紛自殺案件嗎？

恐怖就恐怖在，酒女對富商恨之入骨，巴不得吃他的肉、飲他的血。酒女知自己勢孤力弱，在生或難報仇，但就算死也要拉富商陪葬，於是在自殺當日，身穿紅衣紅鞋自縊，盼死後能成為最惡的寃靈，向富商報仇。就算未能手刃富商，也要他的房產變成鬼屋，無人問津。

我聽著想起好像看過哪套港產片或電視劇，裡頭提到有一女角，身穿紅衣紅褲紅鞋子，自殺後化成厲鬼報仇。類似情節，不只出現一次半次，皆因民間流傳一種說法，穿紅衣輕生者能成厲鬼，找在生時的仇人報復。我問過我認識的一位姓白的師傅是否真有其事？

白師傅說是一半一半，他說人死後會否化成厲鬼，與是否穿紅衣並無關係，而是與怨念有關。但當一個人走投無路，想到要自殺時仍抱報復之心，刻意準備全身紅色衣裝，顯然是恨意極深，這樣的人死後當然就比較容易化作寃靈了，聽落的確有幾分道理。

無論如何，傳說酒女死後果然陰魂不散，偶有街坊鄰里經過，不單會聽到裡頭傳來女性哭聲，還會見到二樓窗外站了個紅衣女鬼，向路人揮手，不知是向人打招呼，還是示意不要靠近。

單是路過已看到如此恐怖景像，身處屋內更是可想而知，富商亦不堪其擾，健康急轉直下，最終無奈搬走，人去樓空。

之後烏日鬼屋之名不脛而走，引來不少靈探愛好者一試紅衣女鬼虛實，卻被紅衣女鬼一一趕走。有傳紅衣女鬼認為這屋有用她的錢來興建，故它亦有份擁有，不歡迎其他人到來。每次有人到鬼屋靈探，若於屋內過夜，睡醒之後就會發現自己被搬出大門外的馬路上，而且時有發生，街坊見怪不怪云云。

這四十餘年來，鬼屋曾幾度租出，卻幾乎沒一個住客待得久，未知是否與女鬼有關。但鬼屋曾經遭遇火災，幾乎整間屋被大火吞噬，唯獨傳說中女鬼所在的房間完好無缺，彷彿受到一股無形力量所保護，令人嘖嘖稱奇。

讀者在看過先前不同的傳說之後，可能心中已起懷疑，認為這火災又是無中生有吧？然而，這次火警卻是真有其事，在二零零一年的《聯合報》中曾有報導，火警於晚上十時許發生，歷時三十多分鐘後遭撲熄。火勢的確沒有波及「部份位置」，消防隊都表示「相當奇怪」。

剛才提到，「幾乎」所有住客都待不久，唯獨現在的租客卻進駐十幾年，你以為他一定是沒受女鬼騷擾，才得以相安無事？

非也，二零一八年的時候，台灣蘋果日報記者就找來住客林先生訪問，單刀直入問他：「有無見鬼？」

豈料林先生亦答得直接：「有。」

林先生說女鬼經常騷擾他，而且要求林先生為它建廟，但遭林先生罵回去說沒土地怎麼建廟？簡單而言就是說「哪有錢」。會租鬼屋，很有可能也是貪便宜啊！這令我想起了李碧華鬼魅系列電影《迷離夜》裡頭有關贓物的章節，人還是怕窮多過怕鬼呢！

另有靈異節目《神出鬼沒》曾採訪過林先生，當時他曾表示自己是得到本名「徐月嬌」的女鬼同意，並與之完成冥婚後才入住。或許正因如此，林先生才能一住十幾年也沒被女鬼趕走吧！

Check this out：

為什麼會有穿紅衣自殺能化厲鬼的說法呢？

台灣的漢族信仰中認為紅色代表喜慶，靈體會驚懼之，所以有拿紅色物件驅鬼的說法，直如用紅色的東西驅趕年獸一樣。他們認為若身穿紅衣自殺，死後就不會懼怕紅色，所以難以對付。

杏林醫院

四大鬼屋，我已經介紹其三，最後一家，花落誰家？說它是家，又不是家，甚至不是屋，而是一龐大的建築物——杏林醫院，別稱「猛鬼醫院」。

杏林醫院於一九七五年落成，是當年台南的第一大院，不單規模大，而且設備新，遠近馳名，據悉連遠在高雄的病人亦會到此求醫。

到一九九三年，台南杏林醫院卻突然關閉，民眾對醫院關閉一事，似有疑慮，慢慢就有謠言傳出，該院涉嫌造假，當中包括住院記錄、詐領保險等，終被查辦，無奈倒閉。

但這謠言很快就被證實與台南杏林醫院無關，造假是真，卻是發生在雲林縣一間同名醫院裡，台南杏林醫院可說是躺著也中鎗。

二零一一年，台灣蘋果日報記者找來當年的醫院負責人之一，吳明輝醫師的太太現身說法，她提到台南杏林醫院真正結業的原因，是因為當年台灣推行勞、健保改制，而該醫院並無做健保，於是病人就陸續減少，醫院沒有補貼之餘，開銷日增，加上台灣醫療發展迅速，競爭激烈，最後在收支難以平衡下唯有選擇結業。

由開業到結業，都與鬼完全無關，連半個恐怖故事都未有發生。

所有鬼故事都出現在醫院荒廢之後，當中最為人熟知的個案，提到有兩名大學生到荒廢了的杏林醫院探險，並特意向高難度挑戰，要勇闖太平間。兩人成功來到太平間後，當然就要用智能電話打個卡，這個年代，沒有打卡又怎麼證明你有去過該地方呢？

就在兩人拿出電話打卡的瞬間，兩人竟不約而同地收到一個沒有顯示來電號碼的電話，接聽之後竟然聽到一把低沉而痛苦的聲音說：「快來救我。」，嚇得兩人馬上拔足逃跑，以最快的速度離開醫院。

有其他靈探者指在醫院裡會經常聽到有人呼救的聲音，另外又有女鬼嚎哭的聲音。於醫院五樓曾有一道白影經常徘徊，據說是一名以前在該院病死的阿伯陰魂不散，一直留在醫院裡。

又有指身在該廢棄醫院中，會感到心跳莫名加速，而且很快就會出現心悸、噁心、作嘔等反應，證明該處磁場不好，陰氣極重云云。

聽到這裡，筆者自己都忍不住吐槽，身處遭廢棄的建築物裡頭，特別是一些地下室和太平間，根本沒有窗，空氣沒法流通，身處其中會感到死氣沉沉，感覺氣悶，這不是最正常不過的事嗎？

至於有說醫院內的門會自動開關，這有人解釋過是因為當年興建醫院時，由於還未時興使用大量空調，所以採用了中庭為天井的設計，加強對流，所以有些樓層又會特別大風，把日久失修，門鎖已壞的一些門窗帶開帶關，卻又被人解讀成陰風陣陣，鬼魂作祟。

要說台南杏林醫院裡發生過什麼可怕事件，翻查良久，根本沒有。但要說它有死過人，也是自然，畢竟它是一間醫院啊！若然死得人多就猛鬼，那末，這世上就幾乎所有醫院都是猛鬼醫院啦！

話說回來，有很多人的確認為醫院都是猛鬼地，對醫院敬而遠之，因為醫院象徵疾病、死亡，正如有些人害怕到殯儀館和墳場一樣。你要他說出一個有關該些地方的鬼故事，他可能一個也說不出來，但他就是有種莫名的恐懼。當要將這種恐懼合理化的時候，一間尚在營運時從未傳出任何事故和鬼故的醫院，在荒廢後就變成猛鬼醫院了。

不過，這個傳說都將畫上句號了，因為這台南杏林醫院已整棟以低價售出，有當事人質疑之所以會有鬼故傳出，無非是有買家希望將價錢壓低，到底作祟的是人是鬼，就只有天知道了。

據聞買家之後會將整棟改建成商廈，改建過後，又再會重新傳出鬼故事嗎？

松園別館

先前提到的鬼屋，無論鬼故事孰真孰假都好，只要一旦鬼故傳開了，被冠了鬼屋之名，想要洗脫，簡直難之又難，就算業主如何澄清，根本於是無補，

就算可以沉寂一時，過幾年又會再次流傳，彷彿一個循環，永無止境。

難道，就真的沒有一間鬼屋能洗脫污名嗎？

有的，松園別館就算得上一個例子。

松園別館位於花蓮縣的美崙山上，是建於日據時期的軍事設施，靠山看海，景色怡人，過去卻是當地人口中的禁地，有不少靈異傳聞。

剛才提到，松園別館原先是軍事設施，正是因為它建於山麓，背山面海，視野廣闊，是個絕佳制高點，所以被用來當「花蓮港陸軍事總部」，

是執行募兵及管理兵役的處所。

在日據時期，該處就已經常常傳出半夜會在無人的操場發出步操聲、會有鬼軍官在裡頭巡邏等的傳聞。

到二戰晚期，日軍已呈敗勢，便祭出神風特攻的策略，希望孤注一擲，來個絕地反擊。而當在台的神風特攻隊隊員出任務前，就會被帶到松園別館接受天皇賞賜的「御前酒」，還有藝伎陪伴等高規格款待，算是讓他們在以身殉國前好好享受一番，度過最後良宵，翌日就出發赴死。

有傳是那些赴死士兵的執念遺留了下來，所以人們有時還會在別館中察覺到他們的身影。發現他們的存在。例如上廁所時會聽到有人跟你說日文，但廁所裡頭根本就無其他人。也有人說若你是擁有敏感體質的「高靈人士」，進入別館後你很快就會感覺頭暈氣喘、作嘔、甚至難以活動等等。

二戰過後，松園別館由國民黨接收，最初用作化學實驗室，其後於1978 年交給退輔會管理。

退輔會接掌後，並未有好好利用該設施，只是將之重門深鎖，形同廢棄。好端端一個地方竟然無人用，於是鬧鬼傳說又再傳起。

踏入千禧，松園別館的管理數度易手，由荒廢轉而計劃拆除復遭反對，再轉而訂為「歷史風貌專區」後，進行一連串的修復工程，並於2004年後開園，供遊人參觀。

松園別館再一次走進眾人的眼簾，鬼故再次被提起，有傳媒走訪當地，問起老一輩人，都說所謂鬼故其實虛構，只不過當年別館是軍事重地，日軍不想平民靠近，而散播的謠言，那邊根本連鬼影都無一隻。

今時今日，松園別館作為古蹟被活化及保存下來，成為花蓮縣政府重點推薦的旅遊熱點，不單再沒傳出鬼故，反而成為了遊人熱愛拍照打卡的人氣地點呢！

林本源園邸

輪到鬼屋系列的最後一間鬼屋，亦是我認為最不似鬼屋的鬼屋——林本園園邸。

我初移民來台灣時，還未選好定居點，於是先在板橋落腳，當時閒來沒時幹就走訪了一遍位於板橋的林本源園邸。當時不單完全感覺不到鬼氣，而且覺得裡頭的仿蘇州留園設計古色古香，景色怡人，十分喜歡。哪裡想到這清幽典雅之地，竟然在台灣鬼屋榜上有名呢？

後來我才知道，我參觀之時園邸已經過多次整修才回復現貌，它曾經有一段時間真的龍蛇混雜，儼如一個城寨，我在看它的故事時，就真的想起了已拆掉的九龍城寨。

林家早在乾隆時候已從福州來台留下足跡，到林平侯開始經商運米，生意越做越大，財富累積越來越多，開始在台買田買地，建屋興宅。到咸豐年開始逐步興建園邸，前後耗時四十年，共花白銀五十萬兩，可說是十分浩大的工程。林本源園邸名字的由來，則來自林家五兄弟各管的商號「飲、水、本、思、源」中的「本源」兩字，意味深長。

林本源園邸全盛期面積多達一萬七千三百一十坪，即約八個標準足球場加起來那麼大，十分誇張，是台灣僅存最完整的園林建築。

據講當時就有流言蜚語說林家之所以能富甲一方，是因為園邸裡養了金鬼銀鬼，經常會於夜裡吼叫。到底這金鬼銀鬼有多厲害，才可以讓林家富有到這個地步啊？其實這指控根本就是憑空捏造，毫無證據可言，很可能只是出於鄉民們的仇富心理，對貧困的鄉民而言不能理解為什麼林家可以那麼有錢。換句今天的話語就是「貧窮限制了他們的想像」，他們對致富唯一的解釋就是有鬼幫忙。

在金錢的世界裡，人早就比鬼更可怕多啦！

後來，林家大部份人都返回大清國定居，僅留下少數人在台管理資產，錢財太多管理的人太少，久而久之，園邸開始疏於打理，逐漸荒廢。二戰過後，更被很多外省移民鵲巢鳩占，見林家的人並無理會，就變本加厲，越住越多人，顛峰時期竟有多達三百多戶人住在林家的土地上賴著不走。

這些移民來自五湖四海，三教九流，而且大部份都是貧窮戶，雖然霸了林家地方，但其實居住環境並不好。因為人太多，他們還不惜破壞林家原有的建築，在裡頭亂改亂蓋，把園邸築成寨城一般，裡頭不單環境簡陋，還混亂如迷宮，造成很多治安和衛生問題，甚至被稱為「鬼花園」，生人勿近。

傳說鬼花園裡住了隻女鬼，有一名姓莊的男住戶，半夜內急，想去廁所。但當時建築物都是違建，廁所是公用，而且要走一段路才到，所以他就直接走出屋外覓地解決。豈料小解中途，被人從後踢了一下屁股，弄得他一褲子都是，生氣得轉過身來，大罵是哪個王八蛋時，背後卻空無一人，下一刻他竟眼前一黑，昏了過去。

莊男醒來時已身在房中，旁邊是一臉驚詫的姊姊。姊姊問他知否發生何事，莊男卻一臉懵懂。姊姊說他從外面回來後就不斷胡言亂語，聲音卻是女的，一直向家人討錢什麼的，還動手動腳，變了個人似的。姊姊知他是被女鬼附身，就去燒些冥錢，莊男這才冷靜下來，徐徐睡去，事情得以告一段落。

我說就算真有女鬼上身，這關林家什麼事？由細到大，長輩教落，在外解手，一定要說聲借過。莊男夜半隨處便溺，又無禮貌又不衛生，不被鬼上身才怪。

無論林本源園邸有鬼無鬼，後來被一名為了美援事務來台的美國安全分署署展郝樂遜（W.C. Haraldson）見到，認為它極具文化和歷史價值，理應保育，而非任其淪為罪惡溫床，遂建議政府應該收回並整修，並承諾會從美援經費中撥款支持，才有了現在修整好，供遊人參觀的林本源園邸。

台北君悅酒店

有聽過台北君悅酒店嗎？就算你沒住過，甚至沒有來過台灣，都很有可能聽過這個名號，因為它是一間被知名酒店住宿網「Hotels.com」選為全球十大猛鬼酒店之一，可說是有國際認證，並非筆者扣它帽子的。

什麼？你還是沒想起哪一間酒店？

若我告訴你，是酒店大堂放了兩道比門還大的符那一間呢？

開始有點印象吧？

酒店按理說最講門面裝潢和聲譽，卻不得不在大堂放兩大張靈符，你說誇不誇張？酒店曾經澄清，兩道巨大符咒為雲林大師所贈，分別是「護國息災納財濟世　救生助人常樂靈符」和「護身鎮宅驅邪納吉　添財延壽增慧靈符」，而非坊間所說的鎮鬼符。但澄清一出，於事無補，人們只注意到「鎮宅驅邪」四隻大字，心裡對該酒店有鬼一事又多信了幾分。

那麼，一切是否如酒店官方所說，全都是無稽之談呢？

有關台北君悅酒店的鬼故事，比先前提到的四大鬼屋加起來都要多，所以有人說台北君悅酒店是台灣的第五大鬼屋，又或者待台南杏林醫院改建之後，可以取而代之。

酒店於一九九零開幕，設有八百五十間客房，為全台最多，同時亦是台灣第一間五星級飯店，可謂觸目一時，亦因此吸引不少名人到訪，曾入住過的名人多得數也數不完，除了大堆藝人歌手運動員之外，連美國總統克林頓亦曾經入住。

最先傳出讓街知巷聞的鬼故，正正來自一位名人，韓國女星金賢政。話說當日她來台出席頒獎禮，剛好下榻君悅酒店。她本來想在午間補眠休息，沒料房中電視卻不斷自動開啟，迫得她拔掉插頭。沒料到她睡到半途，已拔電源的電視竟仍然亮了起來，在一片雪花中還浮現出一隻女鬼的樣兒，嚇得她想立即逃跑，卻發現自己動彈不得，後來在心中唸經禱告，好不容易動了起來，馬上跑到助手的房間求救，直接要求更換酒店，連半刻都不想留在這裡。

我們平日聽到許多有關名人的鬼故事，很多時都是以訛傳訛，未得到該名人的證實。但這次有關金賢政的鬼故事，卻可以說是得到她認證，她在事後的訪問中雖然沒有直說見鬼，但她承認在酒店房裡一直沒睡好，感覺房間陰風陣陣，令她感到害怕等，最後亦真有換到另一間酒店入住。

空穴來風，未必無因。我有位擔任空中服務員的朋友就曾經告訴過我有關這酒店的靈異事件。這事發生在她的一位同事身上，當飛機抵達台灣，完成手上的工作後被表排入住君悅酒店，於晚上睡覺時忽然動彈不得，亦即傳說中的「鬼壓床」。當他勉力睜開雙眼時，卻見床尾多了個人影，心知不妙，想起在自己的隨身包裡有道平安符，想試著伸手去拿時，那坐在床尾的鬼東西卻開口對他說：「你拿得到就拿吧！我根本不怕。」

為什麼一間五星級品牌酒店，好端端的會傳出那麼多鬼故事呢？最甚囂塵上的解釋是酒店原址在日治時期是個刑場，許多犯人在該處被槍決後屍體就丟在附近山野，把四周變成了亂葬崗，所以才會有那麼多冤魂不散，在多年之後仍在酒店的範圍內徘徊。

聰明的讀者有讀過我先前的章節，應該還記得有關日據刑場的傳聞幾乎全都是假的，而君悅酒店這一則傳聞也不例外，完全是子虛烏有。

既然日據刑場的傳言被攻破，另一傳言又應運而生，說該處以前是個兵工廠，而且意外頻生，死傷無數，殺氣極大。這傳言又是真的嗎？拿出舊日的地圖作對比，君悅酒店的位置在日據時期只是一個倉庫，到國軍來台後則被改建成兵工廠，相傳在裡頭發生的怪事則沒有確切的記錄，有人說是因為台灣在戒嚴時期封鎖消息，但我看過有關在兵工廠內傳出的所謂鬼故，始終牽連到日軍槍斃犯人和亂葬崗有關，然而這根本就是無中生有，連帶使我對兵工廠內的所謂怪事亦抱懷疑。

酒店，永遠是鬼故的溫床，儘管如何富麗堂皇，又或光潔若新，總是會有靈異傳聞，這與人們對酒店抱有的莫名恐懼多少有點關係。每當我們需要入住酒店，很多時都是人在異地，陌生的城市、陌生的住宿，讓我們產生疏離感和焦慮而不自知，加上過去一些傳媒渲染，還有電影催化，以訛傳訛的故事讓我們刻骨銘心，精神處於難以察覺的緊張狀態，無鬼都變有鬼。

可能你會說：「不會啊！我住酒店是為了度假，怎麼會緊張？應該是放鬆才對。」

我反問你：「那你進入酒店房前，有明知裡頭是空房還事先敲門嗎？你上床睡覺時有故意把拖鞋放成一正一反嗎？你有留意床位是否對鏡或電視嗎？你有留意房間是否尾房嗎？」

一些根深柢固的概念，埋藏在潛意識下，不是一時三刻就可以抹去。

當然，我並不是否定酒店裡的鬼故事，只是更希望大家能放鬆心情，好好享受酒店裡的設施。

Check this out：君悅酒店的風水陣除了符還有什麼呢？

由於靈符鎮鬼的傳言甚囂塵上，君悅酒店的負責人亦曾出言澄清，其實只是與風水有關。但有指酒店大堂中央的噴水池，分別有四隻龍頭魚身的靈獸各據一方，加上大堂上方有一大串銅鈴，加起來並非一般的風水陣，哪到底是否真要來鎮鬼呢？有興趣的朋友，入住時不妨研究一下。

烏鬼洞

烏鬼洞是位於台灣西南部小琉球上的一處名勝。

上小琉球的官網瀏覽一下，小琉球屬屏東縣管，是全台唯一的珊瑚島，全島面積只有六點八平方公里（即約半個南丫島的大小）。由於地理位置關係，小琉球不受東北季後風影響，四季如春，風光明媚，是一處旅遊勝地。

小琉球這樣的一個好地方，為什麼會有一個叫作烏鬼洞，單從名字看上去就那麼嚇人的地方呢？

這一切，要從小琉球的歷史說起，與四百年前一件叫作「拉美島事件」有關。

一六二二年，一艘名為金獅子號的荷蘭商船前往中國經商，在回程時停靠在當時稱為「拉美島」的琉球島嶼。船長派了部份船員上岸補給，船員卻一去不返，當時的荷蘭人已聽聞過島上的部族有獵人習慣，或者礙於商船上並無武裝力量，船長竟然下令離開，棄未歸船員之不顧。

幾年之後，由於荷蘭船隊的商貿發展一直增長，遂開始在南台灣建立據點，動用武力平定地方勢力，首要任務，當然是對付那些會攻擊荷蘭船隊的部落。

直到一六三三年，荷蘭人正式攻打小琉球，雖然有雇用一些漢人作傭兵，但總兵力並不多，只得三百多人，最終鎩羽而歸，卻非無功而還，因為他們在島上發現了一些當年金獅子號失蹤船員的遺物，甚至過去失蹤的船隻殘骸。這樣一來就出師有名，可以組織更強大的軍隊，決心攻佔小琉球。

三年後，荷蘭人再次揮軍攻打小琉球，這次更邀來附近的其他部族合力攻打，終於打得小琉球社人節節敗退，最終退守到一個洞穴之中。荷蘭人並未就此收手，反而封鎖了洞穴的出入口，打算截其水斷其糧，迫入面的小琉球社人出來。但小琉球社人亦是強悍，堅守不出，於是荷蘭人又想到用火攻，在出入口點火，希望用濃煙將裡面的人迫出來。

荷蘭人雙管齊下，也足足用了三日才迫得裡面四十多名小琉球社人出來投降。荷蘭人為怕仍有餘黨潛伏，於是派人入洞搜索，最終竟發現多達三百具被燻黑的屍體，堆疊如山，駭人聽聞。經此一役，小琉球社民幾近滅族，可說是慘絕人寰。而當時死傷枕藉的洞穴，就是如今被當成旅遊景點的烏鬼洞，裡頭死了那麼多人，被傳猛鬼，也是合理。

有傳言烏鬼洞之所以是烏鬼洞，正正是因為裡頭有很多燻黑的屍體，因而得名。另有說法，話荷蘭當年來時雇了很多外奴，他們普遍皮膚黝黑，故被稱作「黑鬼」，到鄭成功來台把荷蘭人驅趕後，部份外奴留了下來，在洞中生活，可能當時的人就知道要正字正確，所以改黑鬼為烏鬼，將之稱為烏鬼洞吧！

然而，無論是哪一個說法都好，當時烏鬼洞只是個名不經傳的地方，直到近年小琉球成為了旅遊勝地，烏鬼洞才漸漸被人所熟悉，亦開始多了遊客前往。

小琉球地方不大，租一台機車，一天就可以環島去盡所有景點，當駛到小島南端就會見到一座白色的碉堡，上面卻寫著與其光鮮感覺並不搭配的三字「烏鬼洞」。

某年夏天，有一班大學生相約來度暑假，就在晚上駕著機車兜風時經過烏鬼洞，有同行友人提議入內探險，年輕人少不更事，一味附和，於是就以兩人為一組，分批進去。

起初相安無事，有進有出，豈料輪到最後一組時，進去後卻遲遲未出來。原來最後進洞的一對男女，竟在洞內遇上鬼打牆，明明不斷前行，卻始終在原地徘徊，後來男生更嗅到一陣焦臭，不單為走不出去而心急如焚，而是真的感到身體越來越熱，呼吸困難，十分辛苦。最後苦無辦法下一邊走一邊唸佛經，才終於走得出去。男事主回到旅館後感覺身體不適，於是就先回房休息，豈料及後病情轉差，高燒不退。

民宿老闆知道之後，就拿了些應急藥物和護身符給男事主，他才漸有起色，回復體力。老闆知道他曾到烏鬼洞，於是就問他在那邊有沒有做過什麼不敬行為。

男事主想了又想，也不記得自己有什麼大不敬，頂多只有因為自己是最後一組，所以等待時在洞口抽煙罷了。

老闆又問他有亂拋煙蒂嗎？

老闆其實是多此一問，當然是亂拋呀！不然呢？

老闆聽著就說男事主冒了大不韙，因烏鬼洞內的人都是被煙燻死的，最討厭煙飄進洞裡，把煙蒂亂拋留下火種更是不該，裡頭的烏鬼最愛懲罰這樣亂搞的人。

男事主聽著慌了，忙問怎辦才好？

老闆建議明天一早回去誠心道歉，也順道上個香，還要記得找回亂丟的煙蒂才成。

男事主別無選擇，也就依民宿老闆的提議去辦，翌日一早就前往烏鬼洞，於洞口旁的「烏鬼洞主」神台上香道歉，又找回煙蒂並撿走，竟真的不藥而癒。

消息傳出後就越來越多人喜歡到烏鬼洞探險，亦越來越多與之相關的鬼故事，有些人說除了鬼打牆外，還會見到裡面煙霧瀰漫，火光熊熊，又有人說會聽到呼救聲云云……

傳言孰真孰假，我不敢說；我唯一能夠肯定的是，煙蒂真的不要亂丟，一來破壞環境，二來容易引起火警，切記切記。

金門鬼村

提起廢棄村莊，香港首數鎖羅盤村；在台灣，則數金門鬼村。

金門鬼村，顧名思義位於台灣金門，本名山灶村，約在四十年前廢村，人去樓空。

對於山灶村廢村的原因，有兩個主流版本。

第一個版本是傳說村裡有一對婆媳鬧不和，經常吵架下憎惡也日積月累，有一天婆婆的不滿情緒終於爆發，竟憤然投水自盡，於村裡的水池溺斃。婆婆冤魂不息，每晚都於村裡傳出它的哭聲，只要有村民聽見，隔天就會猝然暴斃。由於婆婆是溺斃的，所以被它索命的人之死因皆與水有關，據聞只要一盤洗面水也可以溺死人。村民拿婆婆的亡靈沒輒，只好紛紛遷出，走得一個兩個，村裡人氣越來越少，最終再沒有人夠膽留下，宣告廢村。

第二個版本則是說村裡有人患了鼠疫，村民為怕感染打算撤離，然而國民政府卻怕讓村民離開會讓疫情失控，於是派兵圍村，將之封鎖，任由村民在裡頭自生自滅，若有村民意圖逃走，一律射殺不誤。最終全村村民相繼染疫而亡，從此成為廢村。

無論是哪一個版本，引伸下去的故事都是冤靈作祟，第一版本婆婆本就陰魂不散，後又找人陪葬，村裡冤魂處處也是自然；第二版本村民無辜被困，只有等死，死得冤枉，據金門官方記錄山灶村村民上百，一百人的怨念加起來，可不是說笑的。

靈異故事相繼傳出，就連金門的當地人視之為禁地，莫說晚上絕不靠近，就連白天都盡量別經過，會到那裡的就只有不識死的探險者。

某日，六名年輕人前往山灶村辦試膽活動，期間竟然在廢村裡聽到小童嬉鬧的聲音。然而在廢村裡哪來的小孩啊？剛才提到，附近的居民根本完全不會接近，所以，到底是……

眾人正奇怪間，彷佛有人因看見他們的窘狀而忍不住發笑，眾人更是驚疑不定，試著尋找聲音來源，抬頭一看，竟見一隻女鬼纏於樹上，長髮如榕樹的氣根般垂下，發出青光的雙眼緊盯眾人，一直發出可怕的笑聲，嚇得眾人雞飛狗走，就只恨娘親沒給他們多生兩條腿。

看到這裡，我真的沒辦法不聯想起我文首提到香港的鎖羅盤村。同樣是廢村，村中屋裡屋外都留有生活痕跡，據聞連杯盤碗筷都留在桌上，彷彿村民們遇到什麼可怕的事，走得極急。有傳鎖羅盤村疫情大流行，村民一夜撤離；亦有傳鎖羅盤村辦喜事，乘船出海時遇上海難，慘遭溺斃，與山灶村的故事真有幾分相似。

後來經過考據，英政府從未有鎖羅盤村曾發生瘟疫的記錄，至於沉船海難，雖然真有其事，出事的卻是牛屎湖村而非鎖羅盤村。近年，有鎖羅盤村的後人多次澄清，有關該村的傳說只是謠言，當地居民只是隨城市發展而逐漸遷出，而村民每逢過年都會回村祭祖和張貼揮春，並不存在什麼恐怖怪譚。

那山灶村又如何呢？

有關鼠疫的傳聞，在國民政府的官方記錄中並無記載，當然很多人會說因為政府派員封村導致村民失救致死是黑歷史，官方當然不會記錄。

筆者認為當中疑點頗多，這雖說是四十年前的事，但八十年代早已經有醫治鼠疫的藥，村中人口只有百人，要隔離治療不算困難，該不用封村讓村民等死吧？

至於婆婆溺死傳聞，有網友聲稱其母是金門人，而且剛巧是來自山灶村……毗鄰的一條村莊，所以對當年山灶村裡發生的事亦略知一二。她提到山灶村裡的確有個水池，水池亦的確曾溺死過阿婆，據說有日阿婆的家人發現阿婆失蹤，於是四出尋找，最後發現阿婆在池中溺斃，手中握著一尊神像，雖然阿婆並非因與媳婦吵架而自殺，但據聞自始山灶村的確怪事頻生，村民於是陸續搬走。跟鎖羅盤村一樣，山灶村亦有後人出面澄清，話傳說都是以訛傳訛，當日居民只是因為城市發展而慢慢遷出，如今其後人仍會偶爾回村打掃整理。

不單山灶村後人出面澄清，甚至連金門縣政府亦曾發函至金門大學請其代為陳情，說明一切靈異傳聞皆無稽之談。

然而，謠言就是潑出去的水，根本就沒辦法收回來。

筆者相信，有關金門鬼村的傳說還是會一直流傳下去，直如香港的鎖羅盤村一樣。

【第四章 陰】

女鬼橋

「女鬼橋」的故事於二零二零年已被拍成同名電影上映，成為一時熱話。

我之所以會留意這個故事，是因為一位編輯說我筆下故事跟它有點相似，於是我就拿來研究一下。

這座傳說中的女鬼橋位於東海大學男宿前，每當夜幕低垂，就會有一隻女鬼在橋上徘徊，詢問路過的人幾點，若你不虞有詐，回答了正確時間，女鬼就會將你殺死。

等一等，有看過電影《女鬼橋》的你，可能會說典故並不是這樣啊！是的，因為傳說有兩個版本，第二個版本，亦即電影採納的版本是這樣的。在橋的彼岸，有一條共有十二級的樓梯，若有誰無所事事跑去數梯級而又數到不該存在的第十三級的話，女鬼就會現身並從後呼喊你的名字，如果你回頭的話，它就會取你性命。

有說女鬼是沒有腳踝的，因為它當年被負心漢從橋上推到河裡時，腳踝被鐵製的橋所削斷。

那麼有應付這凶猛女鬼的方法嗎？

以第一個版本來說，就是當你不幸遇到女鬼，被它纏上問你現在是幾多點時，記得要答它你沒戴錶所以不知道，若被發現你有戴錶，也只能答是十二點前，因為它是十二點死的，所以如果是十二點後它就會忿而殺人。

第二個版本的話，當然最好就不要去數梯級啦！但真箇數了而女鬼出現喊你的話，記得千萬別回頭，只要你不回頭，它就奈何不了你。

至於女鬼為什麼會在那裡？哪裡來的怨恨？這也有多個版本，一般傳言說它是大學的女學生，與另一男生拍拖，後約好私奔男生卻沒有出現，原來男子另結新歡，所以女生跳橋自殺。又有一說是女生約好男生在橋上攤牌，結果談不攏，爭執時被男生推落橋溺死。

然而，無論是哪一個版本都好，一樣予人感覺堆砌，似是寫故事的新手所創作，從不同的鬼故事中七拼八湊，拉雜成軍，看完半點恐懼感也沒有。

夜半出現不存在的第十三級樓梯，明顯是借用日本鬼故事的典故。問路過者幾點更是很多鬼故事都有的橋段。說男女約好私奔，如果在六、七十年代我還會相信，但女鬼橋的故事傳開是在九十年代，當時應該沒幾對男女會私奔吧？雖然說故事者有刻意營造一些細節，例如女生被推下橋時腳踝被削斷，所以女鬼腳踝以下空空如也。這種描述，卻弄巧反拙，以我從事救護十年的經驗，要將人在這麼一座橋推下時削斷腳踝真是難之又難。說實在話，人的腳沒那麼脆弱啦！我給你一把菜刀，你不砍十下八下也未必砍得斷啊！其實鬼在我們的既有印象裡本來就沒有腳的啦！刻意去為之加上原因，反而是畫蛇添足，畫虎類犬了。

加上故事從九十年代傳起，並不是考據不到的年代，而且發生在校園裡，理應十分轟動，該有很多目擊證人，但從來沒有一個人現身說法，報章亦沒有報導，學校當然也否認了。

反而，得以證實的是，原來早在女鬼橋鬼故出現前，在該校有另一個極為相似的傳說，是在校內樹林的樹上吊了隻女鬼會問在樹下路過的人幾點，後來校方怕學生害怕，因而將樹木斬掉。

或許是樹林沒了，女鬼亦唯有搬家到鐵橋上棲身吧！

每間學校也似乎有它的鬼故事，有些是真，有些是假，但不管是真是假，女鬼橋的故事至少能推動本土產業，拍成台灣本土電影，也是功勞一件啊！

八寶公主

台灣墾丁有座八寶宮，裡頭供奉的神祇叫做八寶公主，不但真有其人，而且更是個碧神金髮的外國人。

台灣人以外國人當作神明來拜，到底是怎麼回事？

根據《恆春縣志》所記錄，於同治初年，有一艘番邦來船，遇上風暴飄流至鵝鑾一帶，被附近龜仔角的部落發現及殘殺多人。船上有一外國女性慘遭獵頭示眾，據稱身份為該國之公主。

到日據時期一九三四年，一名當地居民聲稱受當年遇難的荷蘭公主托夢，說希望回到荷蘭，請當地居民打造一艘船送它回去。於是居民就為它造船，並揚帆出海，真打算把它送回荷蘭。未料航行途中，又生變卦，荷蘭公主可能留在台灣久了，不捨離去，改而希望居民能為它建造宮廟，讓它留下來當個守護神，於是居民就為它起了八寶宮，為它取名八寶公主。

為什麼會叫八寶公主呢？

既然公主都托夢建廟了，居民當然亦會向公主問清楚一切的來龍去脈。

荷蘭公主原名「瑪格麗特」，當年隨商船來台尋找愛人「威雪林」，未料商船遇上風暴擱淺，後被原住民發現，洗劫一空，死傷無數。當時公主幸運地逃過一劫，原住民們滿載而歸，回到部落各自炫耀，怎知有一原住民認為自己所得太少，竟又折返，因而發現倖免於難的公主，開了殺戒，還搶走她身上的八樣物件，分別是荷蘭木鞋、絲綢頭巾、珍珠頸鍊、寶石戒指、皮箱、寶石耳墜、羽毛筆和紙共八寶，於是就稱它為八寶公主。

由於傳說記之甚詳，不單公主的名字等都有提起，連八寶公主的骨駭和商船的殘骸亦有保存下來，而且居民亦真有建起宮廟來拜祭，一切說得言之鑿鑿，因而引起了在台荷蘭人的關注。

荷蘭貿易暨投資辦事處代表胡浩德（Menno Goedhart）指出，確有沈船，但公主傳說則是浪漫傳說而已。

胡浩德表示曾到訪八寶宮，為船上遺物拍照並寄回荷蘭請學者和專家鑑定。經調查後，證實該船並非荷蘭製造，船上的女性亦非荷蘭公主，因為當時的荷蘭根本沒有公主。

根據學者推測，該事件應該與「羅發號遇難事件」有關。一八六七年，美國商船羅發號在墾丁南端觸礁，船員上岸求救遭龜仔角社人殺害，連船長 Joseph W. Hunt 及其夫人亦慘遭毒手。之後，排灣族頭目卓杞篤與美國駐夏門領事官李讓禮達成和解協議，並交還夫人的遺物和頭顱。

或許，當年的居民見到同是紅鬚綠眼的外國人都分不清是美國人還是荷蘭人，見排灣族竟願意交還頭顱和遺物，認定對方身世顯赫，見遺物中有一對荷蘭木鞋就認定死的是荷蘭公主，而實情卻是來自美國的船長夫人。

無論是荷蘭公主還是美國夫人，身份不對並不代表神祇是假，拜神最緊要是神明夠靈驗，這方面，八寶公主似乎真有些門道。

二零零八年七月，一名八十二歲的老婦在山上失蹤，五天後自行下山，聲稱自己在山中遇上一金髮碧眼，身材高大的女魔神。有人立即聯想到八寶公主，有說它擄拐老婦，但更多的當地人認為八寶公主是當地守護神，是它救回老婦一命才對。無論如何，雖然八寶公主是外來身份，但早已被當地人認同，當作是墾丁的一份子了。

Check this out：

瑪格麗特公主是假，愛人威雪林卻是真。

虛構故事中的男主角威雪林，原來真有其人。威雪林原名Maarten Wesselingh，原籍丹麥哥本哈根，在荷蘭的商船上工作，後到日本行醫，再輾轉到台灣擔任商務員，後來在卑南被當地住民殺害。

林投姐

台灣有一個家傳戶曉，人盡皆知的人物，叫做林投姐。要說她是真的，有關她身處的年代、地方、同一時空出現的人物均不可考；要說她是假，她卻出現在許多不同的作品裡頭，包括廖漢臣的《清代臺灣三大奇案》，好些日治時期的文獻例如片岡巖的《臺灣風俗誌》、《臺灣民間文學集》等都有與林投姐相關的記載。而無論真假也好，林投姐的故事十分有趣，絕對值得收錄在此書之中。

在台灣的海濱地區，尤其是恆春、蘭嶼一帶，常見一種熱帶植物——林投樹。而在台灣的鄉野故事裡，「林投」則有「女人命苦」的意思，那到底林投姐有多命苦呢？

清朝光緒年間，台南城有一名叫李招娘的寡婦，與兩兒一女相依為命，猶幸亡夫生前經商算吃得開，遺下些許錢財，李招娘雖獨力養兒育女，但日子總算過得去。

李招娘的先夫生前有一名來自汕頭的商人朋友周阿司，知道李招娘繼承了大批遺產，見獵起心，千方百計接近李招娘，希望能騙取鉅款。

這周阿司為求達到目的，對李招娘呵懷備致，愛護有加。李招娘孤兒寡婦，當然受落，加上舊時女性，就想找個依歸，竟慢慢與周阿司生起情愫，成為情人。

周阿司在博得李招娘信任後，很快就露出狐狸尾巴，聲稱為了要讓兩人有更美好的生活，想往香港經商一趟，奈何資金不足，遂與李招娘商量。就算在廿一世紀也會有女生以為自己與哈利王子拍拖因而被騙鉅款，何況身在古時單純的李招娘？

李招娘不虞有詐，就把亡夫剩下的遺產都交給周阿司管理，而且還向錢莊借錢，抵押房產田地，為愛人獻出所有。

周阿司拿著一萬兩銀出發，並未馬上捲款走人，而是真的買了大堆樟腦，又真的跑去香港經商，在把貨物都賣出，取得暴利之後卻沒有回去找李招娘，而是直接回到汕頭娶妻生子，視李招娘如敝履。

古時消息傳遞未似現時發達，初時還擔心愛郎安危，怕他遇到意外。後來等了又等，還是不見愛郎回歸，音訊全無，擔心愛郎之餘，亦開始擔心自己和子女的生活。未幾，債主果然臨門，李招娘早已將所有錢財交給周阿司，又哪裡來錢還債呢？最後只好連身上一些較值錢的衣裝飾物全部變賣，連屋都被收走，只好露宿街頭。

李招娘這一家四口，何時受過這樣的苦呢？她的兩個兒子，在飢餓交迫下虛弱而死，李招娘只覺走投無路，於是就帶著女兒走進林投樹林中，先扼死女兒，再上吊自縊。死前終於醒悟，自己被負心郎所騙，遂化為厲鬼，依附在林投樹上。

李招娘死後，話說於林投樹林旁，經常有個小販在賣肉粽，見到李招娘來買粽，當時未知對方已經自盡，就把粽賣給對方，未料在李招娘離去後剛收到的錢竟全部變作冥錢。小販以為受騙，馬上去追，卻見到李招娘披頭散髮，張嘴吐舌，舌長七吋，分明是厲鬼模樣，好不嚇人。消息很快傳開，自此無人敢靠近該樹林，還在附近蓋了一座小祠，供奉李招娘，敬稱林投姐，希望它不要作祟。

多年之後，有一位名叫周天道的的算命先生路過此地，得聞林投姐之事，知其怨氣無法消解，遂為林投姐起了支卦。卦象顯示，周阿司原來捲款回鄉，娶妻生子，周天道不值周阿司的寡情薄倖，決心為林投姐報仇。

原來周天道不單識得玄學，還深諳方術，遂為林投姐造了個神主牌，以傘遮光，讓林投姐寄身牌內，與之同行。後來周天道帶著林投姐坐船到達汕頭，找上周阿司。

最終林投姐復仇成功，周阿司全家慘死。

故事有多個不同版本，但大概就是這樣，是真是假，已難考究，所以流傳，大概與其善惡到頭終有報的道德教訓有關，加上被害者是婦孺，讓人憐惜同情，正等如包青天裡頭陳世美的故事最為觸動人心一樣。

有關林投姐的劇目、小說多不勝數，至今仍為台灣人津津樂道。

台灣最強女鬼

說過林投姐，又怎少得了陳守娘呢？

陳守娘是台灣人所共知的厲鬼，近年甚至有人戲稱它是「台灣最強女鬼」，因為傳說連大羅神仙也奈何不了它。

到底陳守娘的故事是怎樣的呢？

陳守娘的故事跟林投姐的故事一樣被列入《清代臺灣三大奇案》之一，故事要由道光末年說起。

陳守娘，臺南府城人，嫁林壽為妻，居於東安坊，本生活安定，惜林壽早死，她就成了寡婦。其時陳守娘未有所出，年青貌美，雖是寡婦，卻甚得男士青睞。衙門裡的一名師爺就覬覦陳守娘的美色，想與她共度春宵。

陳守娘不肯，師爺就賄賂她的家婆和家姑，勸她順從。陳守娘乃是烈女，緊守貞節，一再拒絕，其家婆與家姑一怒之下竟將她綁在木椅之上，更用尖錐刺其下體，迫她就範。陳守娘死命不從，最終氣絕而亡。

陳守娘死後，她的家婆和家姑竟不當一回事，打算隱瞞一切。陳守娘的親弟傷心欲絕，在為姐姐封棺時卻發現屍有異狀，揭發姐姐在死前慘遭虐待一事，後經追查知是其家婆和家姑所為，勃然大怒，決定告到官府，此舉亦得其他鄉民贊成，一致同意該為陳守娘討回公道。

由於涉事的師爺本就是官府的人，今時今日尚且官官相衛，何況當時？於是，知縣王廷幹宣稱已進行驗屍，陳守娘生前並無受虐，死因無可疑。

知縣這是明擺著歪曲事實、掩瞞真相，在場鄉民聽判後都義憤填膺，抱打不平，竟然拿起石頭砸毀知縣所乘的轎，知縣落荒而逃，及後知道眾怒難犯，逼不得已只好改判林氏母女死罪，師爺則一早畏罪潛逃到唐山。

雖然林氏母女伏誅，但身為始作俑者的師爺卻逍遙法外，使得陳守娘冤魂不息，未得超脫。據聞陳守娘位於山仔尾的墓地，夜晚經常有綠光飄蕩，該些鬼火正是陳守娘的冤魂。

其後，在府城裡怪事頻生，城中半夜經常傳來哭喊或驚叫之聲，使得雞犬不寧。鄉市白天如常運作，買賣過後，金錢卻變成冥錢。當日官官相衛的衙門，物品會於夜裡四飛，翌日亂作一團。

城裡的鄉紳民眾有感是陳守娘的冤魂作祟，蜂擁前往陳守娘的墓地拜祭，希望能平息它的怒火，卻未見其效。苦無辦法下唯有前往鳳山寺，請出廣澤尊王來對付陳守娘。

據說一場神鬼大戰，打得激烈，有人目睹在山仔尾，有一紅光與綠光追逐纏鬥，綠光自是先前提過的陳守娘，紅光則是來自鳳山寺的廣澤尊王，雙方鬥得難分難解，紅綠兩光亮透半邊天，直如星球大戰一般精彩。

廣澤尊王雖然神威赫赫，但陳守娘的怨念亦非同小可，廣澤尊王竟也一時拿陳守娘沒輒，竟然未能收伏它，故陳守娘有「台灣最強女鬼」的稱號。

由於雙方拼鬥激烈，可謂鬼哭神號，天地色變，竟驚動了天庭，讓觀音大士和如來佛祖亦下凡調停，最終陳守娘受到感化，放下執怨，入節孝祠，表明自己守節之心，受人膜拜，從此府城再無鬼怪作祟生事。

另有一說，當時廣澤尊王大顯神威，把陳守娘打得毫無還手之力，但陳守娘就是執迷不悟，廣澤尊王知其過去，悲其身世，不忍將之打得魂飛魄散，唯有請佛祖出面，感化陳守娘。

如今在當地的孔廟節孝祠內有一牌位，上以紅底金字寫著「欽褒節烈邑民人林壽妻陳氏守娘神位」，令人認為是陳守娘真有存在過的最真實證據。

椅仔姑

求神問卜，是華夏信仰中的重要一環。台灣人相信萬物有靈，處處有神，灶有灶君、廁有廁神，就連一張其貌不揚的椅子上面，都會有個「椅仔姑」。

椅仔姑另有幾個別稱，椅子姑、三姑、三歲姑等，傳說是一名三歲時橫死的女孩亡靈，信者能通過儀式來召喚它，起猶如扶乩般的問卜之用。

相傳椅仔姑生前常被嫂嫂虐待，最後更因家暴而死於竹椅上，故稱為椅仔姑。台灣民間認為椅仔姑雖然死得淒慘，但女孩生性善良，死後反而當起專門保護女孩子的守護靈，不單於人無害，還可向它問事。

其實類似的傳說，我想到最先起源的應該是廁神紫姑。傳說紫姑是漢代人，被呂后虐殺於廁中，後人於廁中拜祭，紫姑竟然顯靈，有未卜先知之能，據說是扶乩的始祖。

根據清代黃斐默的《集說詮真》中記述，要找紫姑問事，必須遵從以下步驟——

「今俗每屆上元節，居民婦女迎請廁神。其法：概於前一日取糞箕一具，飾以釵環，簪以花朵，另用銀釵一支插箕口，供坑廁側。另設供案，點燭焚香，小兒輩對之行禮。」

而根據台灣傳統，召喚椅仔姑亦宜在上元節、上巳節或中秋節的夜晚，召喚前必須準備一個「謝籃」放在竹椅上，籃內要放有在豬槽旁挖來的泥土（有傳椅仔姑死後埋在豬槽下，要找它就要挖土）、籃外要套上一件白衣，中間綁上一條黑帶子、並要插上鮮花。椅前則要放胭脂、水果、鏡子、剪刀等供品。

儀式開始，想要問事的女孩要圍成一圈，開始唱起與椅仔姑有關的童謠，根據陳金田所編撰的《台灣民謠》裡記載，歌詞是這樣的——

「椅仔姑，請妳八月十五來坐土，土腳起，鉸蓮花，繡蓮子，蓮子燴，姑仔今年妳幾歲？三歲三，穿白衫，滾烏邊，穿繡裙，繡荷包，荷包腰肚圍，穿色褲滾青邊，也有花，也有粉，也有胭脂給妳姑仔點口唇，也有鉸刀尺，也有花粉鏡，姑仔神那到，梏三下水桶來顯聖。」

不同年代，民謠有不同版本，曲詞雖有別，但大抵都是說同樣的事，在反覆頌唱之後，若然椅仔姑大駕降臨，就會坐到椅上，椅子就會無風自動，搖晃起來。

這時候女孩就可以開始問問題，但只能以「數字」和「是否」為答案，例如問這裡總共有多少人，如有七人，椅子就會撞地七下作回答。又或問是非題，撞地一下代表是，撞地兩下代表否。

據說椅仔姑只會回答未婚女孩的提問，事緣它是被嫂嫂害死的，所以討厭已婚女性，而男生就一律無緣問事了。

作為男生，雖然未有機會見識問椅仔姑的儀式，但我覺得十分有趣，感覺就似變奏版的碟仙一類遊戲。關於椅仔姑真正的由來已難考究，有人認為是以前農村裡沒甚娛樂，是孩子們無聊想出來的遊戲。同時女孩又對自己的將來抱有很多疑問，所以就希望借助椅仔姑問一下前程，說一下少女心事，但願知道將來幾時結婚，有多少個孩子之類。

近年，應該已沒人再玩這玩意吧！要玩不如玩碟仙筆仙之類的要來得方便。不過椅仔姑好就好在，從沒有它害人的消息，不似碟仙一類易請難送。

碟仙

「碟仙碟仙，可不可以告訴我們，你是怎麼死的啊？」

「你問什麼鬼問題，這個不可以問啦！」

「等等，你們看，碟子不斷亂轉，停不下來啦！」

「碟仙碟仙，對不起，請你返回原位吧！」

「怎麼辦？怎麼辦？」

「救命呀……」

碟子終於飛脫，全場靜得落針可聞，燭光掩映……

厲鬼出現——

以上的對話，類似的劇情，你會在每一齣有關碟仙的電影中看到。

現實中的碟仙真的那麼可怕嗎？

首先，得搞清楚碟仙是什麼。很多人以為碟仙是「自古以來」的靈異玩意，其實不然，碟仙是近幾十年才興起的玩意。會有這錯誤印象，是因為不知就裡的人會覺得碟仙的模式與扶乩相似。但扶乩必須透過人，亦即所謂的乩童或乩身作媒介，讓神明降乩，傳達訊息；碟仙卻是以死物為媒介，而且雖名為「碟仙」，請的卻不是神仙，而是鬼。

要說碟仙像扶乩，倒不如說它像西方的通靈板(Ouija Board)，更正確一點應該是改良自通靈板的玩意，最初還有個叫「科學靈乩術」的美名。

簡單來說，要玩通靈板，只要準備一塊刻有廿六個英文字母、有0至9數目字、「Yes & No」、和「Goodbye」的木板，外加一個心型指示牌即可。碟仙原理相約，找一張寫滿字的紙，筆者小時候在香港文具店也有售這種玩碟仙專用黃紙，現在文具舖都沒剩下多少間，不知還有沒有售，若然沒有拿張報紙來應急亦得，加一隻蝶就可以了。沒有碟就用硬幣、用筆取代也成，那就會變成銀仙、筆仙，如此類推。為了增加恐怖效果，可在深夜進行這遊戲。以燭光取代燈光雖然可增加恐怖氣氛，但有火災之虞，筆者並不建議。

萬事俱備，參與者遞出中指按在碟背，然後開始頌唸「碟仙碟仙，請你現身」，一直唸到紙上的碟有動靜為止。當碟一動，就代表「碟仙」

來了，但正如我剛才所說，所謂碟仙並不是仙，而是附近的孤魂野鬼而已，而且同一時間來的可以不只一隻，既然碟都動了，要問過才知道。

筆者我是相信碟仙這類遊戲真有請鬼之能的，畢竟我有認識的朋友在玩「手仙」時出過事，跟她一同進行手仙遊戲的朋友結果進精神病院了，我朋友之所以無事，是因為她有個當道長的祖父，這故事後來亦成了小弟拙作《墓靈娘》的骨幹，有興趣的朋友可以買來看看。

信碟仙玩碟仙的人大有人在，在台灣被稱為「最強桌遊」，吸引不少人冒險一試，特別在學生圈中流行起來，結果因有不少學生玩後出現情緒問題，甚至精神問題，更有因而自殺者，迫得台政府查禁。

然而，這家傳戶曉的玩意，哪有這麼容易禁絕呢？人們不單還會偷偷的玩，甚至用來查案，你說誇不誇張？根據一九八四年九月的《聯合報》報導，當時有一宗銀行劫案遲遲未能偵破，警方苦無辦法下竟請「碟仙」幫忙蒐證，聽來誇張，但我信不假，其實全世界都有找靈媒幫忙查案的先例，而且有成功的例子。

而要數玩這類遊戲最出名的名人，大概非名作家三毛莫屬。三毛由於太思念亡夫荷西，她就試著用筆仙的方法與之溝通，豈料真的成功，至少三毛相信與她溝通的靈體是她的亡夫。這事還經大明星林青霞親口證實過。

不過，現在的年輕人可能沒幾個知道三毛是誰了。

但在台灣的網路上還有一件議論紛紛的碟仙事件。

話說於一九九四年時，有人在網上發佈文章，講起自己在一九八六年讀逢甲大學時的一次玩碟仙遭遇。遭遇的可怕之處並不在於過程，什麼碟仙易請難送，怎樣附身什麼的都不重要，我有看過那些文章，十分冗長，感覺其實有點沉悶。這故事之所以會被炒起成人氣話題，是因為文中的主角問了碟仙兩個問題。一，兩岸什麼時候會統一。二，台灣什麼時候會發生大地震。

碟仙給出了答案，分別是二零二七年和一九九九年。

二零二七年尚未到，但一九九九年的確發生了九二一大地震。

如此這般，很多人都在討論，到底會否真如碟仙預言，兩岸會在二零二七年統一呢？

聲明在先，就我個人而言，是不相信兩岸會於二零二七年統一的，我亦不相信所謂碟仙會有預言能力。除非是大羅神仙，如果是一般文鬼，我不信能有預言能力，雖然一九九九年的確發生地震，但一次猜中可以是偶然，距二零二七年不過五年時間，我們不妨放長雙眼睇睇。

Check this out：台灣對碟仙的封禁

舊時香港，要玩碟仙在文具舖買齊道具就玩得，但原來對台灣人來說卻非易事。六十年代，碟仙這玩意在台風靡一時，特別在中小學裡十分流行，後來由於太多學童玩後出現心智問題，廣為社會討論。後來政府認為問題嚴重，決定遏止歪風，禁止製造及售賣有關碟仙的一切用具，嚴禁校內進行碟仙活動，明文規定，犯者遭開除學籍。然而，碟仙的魅力經年不減，而且道具其實不難張羅，就算是一張報紙和豉油碟也可以玩，所以一直未能禁絕。事隔多年，現在雖沒當年般嚴格禁止，但碟仙這玩意還是一種不能張揚的禁忌遊戲。一九九九年，南部某國小有兩名學生因玩碟仙而導致心神不寧，教育局還因而出面要求學校禁止學生進行類似活動。

鬼差

上回提到九二一大地震，是台灣近百年來最嚴重的天災。發生於一九九九年九月二十一日凌晨一時四十七分，震央位於南投集集鎮，震度七點二級，是一場造成了二千多人死亡，過萬人受傷的浩劫，震撼整個台灣，可說時台灣人的集體恐怖回憶。

死得人多，自然有很多靈異傳聞。

台灣靈異節目《神出鬼沒》的主持周明增就在節目中提到，他在地震前三天開車經過三峽時，忽然聽到大批不存在的部隊操兵的聲音，當時以為是卡到陰，事後覺得是鬼差大哥們要為三天後的大地震作準備。

於網路上，有一位林先生發文，說在九二一前夕，剛巧到台中訪友。擁有陰陽眼的林先生竟見城隍廟裡的七爺八爺率領兩百鬼神，手持刑具進入金色巴黎社區。半小時後地震來了，金色巴黎社區裡頭死逾百人。

林先生認為先前見到的鬼神是來帶亡靈的，情況就如電影《見鬼》的劇情一樣。

這些傳言，老實說我認為可信性不高。前者難免讓人認為他有為求節目效果而編故事之嫌，既然他是靈異節目主持，若是在地震前三天前就遇見，為什麼當時沒說，反而事後孔明呢？後者林先生雖然說得言之鑿鑿，但正因太過仔細，讓人感覺堆砌，說到七爺八爺率領兩百鬼神，難道林先生有逐一數算嗎？先別說鬼神，兩百個人是什麼概念？當一百五十、兩百、兩百五十、甚至三百個人，一下子出現，根本就沒可能搞清楚數目。之所以會說是兩百，是因為知道死亡人數在一百上下，而印象中鬼差是兩人一組，所以才會說是兩百吧！

那麼有什麼靈異傳聞我認為比較可信呢？

有前往進行搜救的救援人員稱，第一時間趕到現場時，一片混亂，到處頹垣敗瓦，他卻見到一個個白影向他招手。他以為有人在向他求救，但當走得近時白影卻消失得無影無蹤，以為自己眼花之時，才發現剛才白影所站位置的瓦礫下面，藏了一具又一具屍體，似乎是亡靈怕救援人員沒有發現，現身通報。

我信，因為我曾經聽一位消防員朋友說過在火場遇到的類似經歷，在煙霧瀰漫的火場裡見到黑影向他招手，結果在該處發現了屍體，我在舊作中寫過，就不在此贅了。

另外，還有媒體關注的孫家兄弟事件，兩人所住大樓在地震中倒塌，造成八十七人死的慘劇，兩兄弟倖免於難，逃出生天後受訪，講述活命經過，竟然是得到神明指引。話說兩人當日被埋於瓦礫之中，受困多日、後來弟弟竟在夢中見到一位白衣女孩不斷給他鼓勵，還指點他從冰箱後的洞爬出去，最後竟真的成功獲救。傳媒爭相報導孫家兄弟獲救經過，似乎認為這詞證明了神明是真的存在。

觀落陰

提起「觀落陰」，港人聽到可能未有聯想；但說起「遊地獄」，聽罷有點印象吧？

根據台灣內政部《全國宗教資訊》網指出，「觀落陰」又稱「關落陰」、「觀靈術」或「關三姑」。它是一種通靈術，藉由經驗豐富的的法師或神職人員協助，使參與的信眾可以靈魂出竅到靈界，探望往生者，或是探看元辰宮。

三者當中，以遊靈界，亦即「遊地獄」比較盛行，這個不難理解，多是緣於在世者對過世親友的思念。

觀落陰的儀式一般在宮廟內進行，事前要先寫好自己的姓名及時辰八字等，交給法師，先到神案前稟報。儀式通常由多人參與，由一名法師帶領。參與者需要脫掉鞋子，坐在椅上，再以包了符咒的黃布或紅布遮眼，等候指示。

法師會先點起一些香燭，然後開始唸經頌咒，有些更會灑聖水、燒符令、拈紙錢，各師各法。方術不同，效果相若，參與者最初會黑暗中見到光點、光圈、光暈，有些人則會見到隧道，又或煙霞等。如有以上發現，可以舉手示意，法師會協助你繼續深入靈界，與先人會面。

參與者見到的靈界（或地獄）形象各有不同，有些人見到的景像與現世相似、有些見到的卻與古代相似、有些人看到的景象是黑白、有些是彩色、有些人甚至會見到土地公或地藏王菩薩來帶路，不一而足。

見到先人後可以隨便與之聊天傾談，並沒有什麼禁忌，時候到了，法師就會把你召回，完成一次不可思議的旅程。但觀落陰也得看緣份和天賦，要看命輕命重等，不是每個人都可以成功，亦不是每個人都一次就可以成功，所以通常一次儀式會分開幾節，一次未能成功可以稍事休息，然後再接再礪。若屢試不果，則可能沒有緣份，又或者先人不想相見，亦可能是犯了一些禁忌。例如親人仙遊未足百日，可能在靈界還未穩定下來，較難相見。另外，要在靈界見先人亦講輩份，一般來說只可以去見長輩或平輩，即例如兒子見先父、弟弟見亡兄，不可以父親見歿兒。最後，如果不知道先人正確姓名、忌日、死亡地點、過世時的年紀等，亦有可能導致未能相見。

基本上觀落陰的禁忌不多，除非女士月事來潮、懷孕、任何人情緒有問題、醉酒等，沒有以上問題的話基本上都可參與。

有朋友問，靈魂出竅，會有回不了肉身的風險嗎？

說實話，我並不認為觀落陰是一種讓靈魂出竅的方術，因為在儀式進行期間，參與者是聽得到附近聲音的，即假設我偕母親參加儀式找先父，只得我蒙眼進行觀落陰，見到先父時，我仍然可跟身旁的母親溝通，例如可問母親有什麼話要跟先父說，再由我轉達，同時我亦對外間有所感受。我認為，如果靈魂真箇出竅的話，應該沒有如此效果。相比之下，我認為觀落陰更似一種另類的 VR 技術，接通參與者的靈界視線，眼睛看到的是靈界畫面，同時卻又清楚知道自己身處人間界。

不過，這並不代表觀落陰並無危險性，聽過一些個案，與會者因為太過思念亡者，及後見到時過於激動，竟不願回歸現實，最終竟弄得半上不落，將現實世界與靈界重疊，結果被關到精神病院裡頭。

所以，法師都會勸參與者，是真有需要與亡者相見才來參加觀落陰，並不要抱嬉鬧的心態，要是出了什麼事，後果自負。

另外，探視元辰宮則是另一樣東西，觀的再不是地獄的景像，而是自己的內在，屬於你自己的元辰宮。

什麼是元辰宮呢？

元辰宮，又稱元神宮，據說每個人在投胎時，在靈界就會出現一間相應的房子，元辰宮的樣式，代表著你的運勢和狀態，有說當你死後，靈魂又會再回到元辰宮去，等待下一次投胎轉世。

那觀元辰宮有什麼意義？

元辰宮是你現世的反映，當中會有一些你現世察覺不到或沒有著眼的問題，你可以通過觀元辰宮進而更了解自己，然後將問題改正，完善自我。

那元辰宮又要怎麼個觀法呢？

首先說外觀，你間屋是用什麼建造而成呢？一般來說，多數都是土、石、木、竹、磚等，有些人的屋子很簡約，有些則富麗堂皇如宮殿。屋的外觀代表你的事業狀態，越金碧輝煌就代表你的事業越好，如果是頹垣敗瓦，就代表你的事業正處低潮吧！

有些人可能會見到房子的確很宏偉亮麗，但房子的款式並不是自己喜歡的，這或許代表你雖然有好的事業，你心底裡卻不喜歡你的工作。

打開大門，走進客廳，如果廳內有供奉神像，那代表是你的宗教信仰。

如果廳裡塵埃遍佈，代表你煩惱甚多，運勢受阻。

天花有破洞，代表漏財。

如果牆有裂痕破損，就代表你現實中正犯小人。

走進卧室，即走進感情區，床上只有一個枕頭即單身，兩個即有伴侶，並排代表恩愛，分開代表感情出問題。若床上有多於兩個枕頭，就代表有第三者。

走進廚房，灶火代表事業心，若火勢旺盛代表你有上進心，若火苗單薄則代表你可能力不從心了。米缸代表資產，水缸代表現金流等等。

屋外還種有植物，男的是樹，女的是花，都代表健康，可看看有沒有蟲蛀、落葉、長歪等來判斷健康和所需要注意的地方。

有人說觀落陰根本不是什麼方術，而是單純的催眠術。首先，焚香和頌經都是事前讓人放鬆的準備，人在放鬆狀態下會較易接受旁人的暗示。而參與者看到的光點、光圈、光暈等，在科學上叫做「光幻視」(Phospnene)，指人在緊閉雙眼時壓迫到眼球而產生的現象。而法師途中會不斷和你說話，意在引領你，旨在給你暗示，讓你看到你想看的東西。

至於觀元辰宮則是一些心理投射，跟玩心理測驗什麼的類似。準不準，信不信，每個人的標準各有不同，只要不沉迷，筆者也不反對。但我有聽說過，有人花錢不斷去觀元辰宮，目的是去修繕房子，勤作修補打掃，又為廚房添柴添米添水，諸如此類，我就認為實在是本末倒置。

剛才我就提過，元辰宮是現實世界的投射，是現實世界的「我」影響到元辰宮的模樣，斷不能說改變元辰宮反過來影響現世。若見元辰宮有不足的地方，自當修現世之身，與人為善，積德納福，元辰宮自然富麗堂皇，一無所缺，到一天百年歸老，在另一個世界也有個好歸宿了。

後記

很感激把這書看完的你，真的，十分感激。

會寫這本《鬼島驚奇　台灣都市傳說》主因有兩個。

第一，多得筆求人工作室的邀稿，編輯若愚兄的青睞。其實我一向以寫鬼故事為主，但礙於真人真事需要時間累積，自去年出版《跨鬼界馬菲的靈異世界》後只相隔了一年，發生在我身上的靈異事只得一兩件，實在難以成書。跟編輯商量，認為可以探討一下有關台灣的古靈精怪事件，近年「都市傳說」又是熱門題目，就試著寫了初稿，編輯拍板，於是這書就誕生了。

第二，我去年找了位大師算命，經大師指點，我可以向這類型的書發展，於是就大著膽試試看。

我一直鮮少寫有關台灣的文章，總覺得自己才來了五年，未夠深入了解這個地方，所以在決定寫這本書時，做了很多資料搜集，亦向很多台灣朋友請益，希望盡量從多方面去了解。

後來又想到，要跟人家拼資料量是拼不過的了，倒不如換個方式，像跟讀者聊天般講起每一個故事，裡頭加一些自己獨有的見解和想法，感覺反而會舒服一點。

相對於坊間很多以「拆解」傳說為主要目的的書籍，我更希望從不同角度與讀者們去探討，而不是單只去否定這些傳說。正如我不喜歡抱著否定態度去聽人家說鬼故，世界很大，我們很小，什麼都有可能發生。我是抱著相信，但不迷信的角度去看待，唯盼讀者們都會接受我這種風格吧！

書本背後，也談談生活。

瘟疫兩年，先不說這瘟疫的真假，但疫情的傷害絕對是真，人在台灣，眼看很多商店捱不過去，關門大吉，扼腕痛惜之餘亦想起香港，該有過之而無不及。之前大眾書店全線結業，我就慨嘆過，書寫好了、印好了，也越來越不知道可以拿去哪裡賣。今時今日，不單書店關門，整個商場都關門，香港因疫情死了多少人不好說，但已儼如一個死城。這一本書，印好了，結果會拿到哪裡去賣呢？

二零二零年，瘟疫剛來不久，政府彈弓手，書展話開又取消，出版社傷亡慘重；去年復辦，人流大減，到二零二二年到底有否書展，我早已不敢期望。

所以，容許我再一次對你說一聲謝謝，這本書能交到你手上，絕對不是一件易事。

有朋友問我，這市道、這環境，為什麼還要寫書啊？我正是覺得這環境下，讀者才更需要好的作品去調劑身心。只要一日還有人願意看我寫的書，我都希望自己能一直寫下去。

期待與你再次在書海相會。

馬菲

二零二二年三月十九日

參考書籍：

臺灣都市傳說百科：蓋亞文化有限公司出版（2021年8月初版）

妖怪臺灣地圖：環島搜妖探奇錄　聯經出版事業股份有限公司（2019年5月）

黑色怪譚：讓你害怕的，真的是鬼嗎？　聯合文學出版社股份有限公司（2020年11月初版）

特搜！臺灣都市傳說　蓋亞文化有限公司（2020年3月）

參考媒體：

三立新聞網

中天新聞網

東森新聞網

台灣蘋果新聞網

參考Youtube頻道：

老郭有話說

Mr.希爾

禁播檔案Forbidden Files

下水道先生

國家圖書館出版品預行編目資料

鬼島驚奇 : 台灣都市傳說 / 馬菲作. -- [新北市] : 蔡悅東, 2023.05

面 ; 公分

ISBN 978-626-01-1256-1(平裝)

539.533 112006452

鬼島驚奇 台灣都市傳說

作者：馬菲
編輯：尼頓
封面設計：gu_biter菇比特-像素藝術
出版者：蔡悅東 個人
電郵：ambmatthew@gmail.com
出版日期：2023年5月
印刷：百通科技股份有限公司
定價：新臺幣400元
ISBN：978-626-01-1256-1